KB043631

아동
기
의
철
학

THE PHILOSOPHY OF CHILDHOOD

Published by arrangement with Harvard University Press.
Korean translation copyright © 2013 by Purun Communication
Korean translation rights arranged with Harvard University Press
through EYA(Eric Yang Agency).

이 책의 한국어판 저작권은 EYA(Eric Yang Agency)를 통해
Harvard University Press와 독점계약한 푸른커뮤니케이션이 소유합니다.
저작권법에 의하여 한국 내에서 보호를 받는 저작물이므로
무단전재와 무단복제를 금합니다.

아동기의 철학

The Philosophy of Childhood

타고난 철학자인 어린이들에 대해 생각하다

개러스 매슈스 **지음** · 남기창 **옮김**

P 필로소픽

목차

생각이 떠오르다

내가 처음 아동기와 철학을 연결시켜 생각한 것은 1963년이었다. 집에서 기르던 고양이 플러피의 몸에 벼룩이 생겼다. 플러피를 지하실로 데려가서 소독을 해야 할 것 같다고 내가 말하자, 네 살이었던 큰딸 세라가 자기도 봐도 되느냐고 물었다. 마지못해 허락하면서 나는 세라에게 계단 꼭대기에 서 있어야 한다고 단서를 달았다. 고양이벼룩용 소독약 가루를 들이마시지 않도록 말이다.

계단 꼭대기에 앉아서 세라는 이 원시적인 의식을 아주 흥미롭게 바라보았다. "아빠" 하고 세라가 잠시 후에 물었다. "플러피한테 어떻게 벼룩이 옮았어요?"

"응" 나는 무심히 말했다. "아마 다른 고양이하고 놀다가 그 고양이에 있던 벼룩이 플러피한테 옮겨 왔을 거야."

세라는 생각을 해보더니 "그 고양이는 어떻게 해서 벼룩이 옮았어요?" 하고 물었다.

"음, 그 고양이도 다른 고양이하고 놀았겠지" 하고 나는 답했다. "벼룩이 플러피와 같이 놀던 그 고양이에게 옮겨 간 거야."

세라는 잠시 말을 멈추더니 이내 "하지만 아빠, 그렇게 영원히 계속될 수는 없어요" 하고 진지하게 말했다. "그렇게 영원히 계속되는 것은 숫자뿐이에요!"

당시 나는 미네소타 대학교에서 철학을 가르치고 있었다. 내가 했던 강의의 대표적인 주제는 신의 존재에 대한 우주론적 증명이었다. 그 논증은 제일 원인 — 성 토마스 아퀴나스는 놀라울 정도로 침착하게 제일 원인이 우리가 '신'이라고 부르는 것이라고 확신시킨다 — 의 존재를 증명하기 위해서 원인의 무한 퇴행을 배제하는 것에 기반을 둔다. '나는 대학생들에게 제일 원인First Cause 논증을 가르치고 있는데, 네 살짜리 내 딸은 혼자서 제일 벼룩First Flea에 대한 논증을 만들었군' 하고 생각했던 게 기억난다.

당시에 나는 발달심리학에 관해서 거의 아는 것이 없었다. 물론 장 피아제에 대해서 약간은 알고 있었다. 실제로 하버드 대학교 철학과 대학원생 시절에는 피아제의 강의를 들은 적도 있었다(그것도 프랑스어로 말이다! 나한테는 일종의 도전이었다). 확실히 피아제의 유명한 보존 실험에 관해서 무언가를 알긴 했었다. 하지만 피아제의 이론이 내 딸의 철학적 사고를 절대로 인정하지 않을 것이라는 점은 알지 못했다. 즉, 피아제의 이론에 따르면 내 딸은 여전히 '전 조작기 사고' 단계의 대기실에서 머물고 있다는 점을 알지 못했었다.

지금 기억해보면 나는 세라와 주고받은 벼룩 이야기를 파티 같은 데서 가끔 이야기했던 것 같다. 하지만 내가 언젠가 세라와 같은 많은 어린이들이 주도적으로 철학을 하는 것이 자연스럽다는 점을 입증하려고 노력하게 되리라고는 전혀 예상하지 못했다. 확실히 나는 이 책에서 제시하고자 하는 철학과 어린이 사이의 연관성에 대해서 제대로 이해하지 못하고 있었던 것이다.

벼룩 사건 이후 6년 뒤 내가 매사추세츠 대학교에 자리를 얻는 바람에 우리 가족은 동부로 이사를 가게 되었다. 매사추세츠에 도착했을 때는 마침 '학생 소요'가 있었다. 새 학교 캠퍼스에선 파업과 폭파 위협, 수많은 시위가 일어나고 있었다. 나 자신도 베트남전쟁에 반대하는 편이었다. 그래서 졸업한 지 10년이 되었지만, 이 '학생 소요'에 최소한 몇 번 참여했다. 전쟁 반대 의사를 표시하기 위해 대부분이 학생들인 시위자들과 함께 버스를 타고 워싱턴에 가기도 했다.

이 무렵 나는 철학 강의 시간에 어떤 현상을 눈치챘고, 이 현상에 점점 신경이 쓰였다. 분명히 전부는 아니지만 가장 뛰어난 학생들 중 일부가 내게 의혹을 제기했다. 철학이 베트남전쟁이 제기하는 삶과 죽음의 문제로부터 대학생들, 특히 남학생들의 주의를 분산시키려는 '기성세력'의 음모가 아니냐는 것이었다.

어떻게 내가 사랑하는 철학을 기성세력의 음모라고 생각할 수 있단 말인가? 나는 상처를 받았고, 어떻게 대응해야 할지 몰랐다. 그와 같은 의혹을 어떻게 다루어야 하는가?

오늘날은 특히 매슈 리프먼Matthew Lipman과 뉴저지 주 몽클레어에 있는 그의 아동철학연구소 동료들의 선구적인 연구 덕분에 철학이 유치원부터 12학년까지 교과과정에 이르기까지 그 모습을 점차 드러내고 있다. 하지만 20년 전 베트남 '소요'가 발생했던 때에는 철학이 대개 유명 대학에만 있는 과목이었기 때문에 대학에 들어오기 전에 철학을 접해본 학생들은 아마 거의 없었을 것이다. '기성세력'에 조금이라도 피해의식이 있는 사람이라면 이 놀라운 사실이 의심스럽게 생각될 것이다.

실제로 나는 철학의 특정 분야는 학생들이 전쟁과 평화라는 이슈에 대해 좀 더 깊이 그리고 좀 더 명료하게 생각하도록 도와줄 수 있다고 믿었다. 하지만 철학 대부분의 분야는 그렇지 않다. 최소한 직접적으로 그렇지는 않을 것이다. 나는 데카르트의 '나는 생각한다. 고로 나는 존재한다'나 아퀴나스의 우주론적 증명을 정의로운 전쟁 이론이나 도덕의 한계에 관한 질문과 억지로 연결시켜 토론하고 싶지는 않았다.

어느 날 밤, 당시 세 살이던 아들 존에게 침대 옆에서 책을 읽어주다 내가 읽고 있는 이야기가 다음 날 학생들과 토론하기로 했던 철학적 문제를 제기하고 있다는 생각이 들었다. 그래서 나는 다음 날 그 이야기를 강의실로 가져갔다. 집에서 가져간 책을 읽어주는 것으로 강의를 시작했다(그 이야기가 무엇이었는지는 이제 기억나지 않는다. 아마 제임스 서버James Thurber의 《많은 달Many Moons》일지도 모르겠다. 내 아이들은 모두 그 책을 좋아했다. 이 이야기는 특히 눈에 보이는 달의 크기를 소재로 지각적 착각을 기발하게 다룬다). "어렸을 때 이런 문제에 관해 생각했던 것이 기억납니까?" 하고 이야기를 읽어준 후 학생들에게 물었다. "그렇다면 오늘 강의에서는 여러분에게 익숙한 영역으로 돌아갈 기회를 주겠습니다."

이때의 목적은 — 그리고 지금도 마찬가지다. 요즘도 나는 가끔 이렇게 한다 — 학생들에게 철학이 음악을 연주하거나 놀이를 하는 것과 마찬가지로 자연스러운 활동임을 알게 하는 것이었다. 분명히 철학을 공부하는 것은 실용적으로 쓸모가 있다. 철학 공부는 명료한 사고와 강한 추론 능력이 필요한 법 분야의 직업을 준비하는 데 도움이 된다. 하지만 시와 마찬가지로 철학은 그 자체가 보상이기도 하다.

내가 베트남 시대의 냉소주의자들을 물리치는 데 얼마나 성공했는지는 확신이 안 든다. 하지만 내가 아동문학에 진정으로 철학적이며 중요한 요소가 있다는 나 자신의 깨달음을 선명하게 했다는 것은 확실하다. 가령 나는 아놀드 로벨Arnold Lobel의《개구리와 두꺼비가 함께*Frog and Toad Together*》를 읽어주는 것을 좋아하는데, 누구나 '나도 읽을 수 있는 책'이라 할 만큼 간단한 단어로 이루어진 이 책은 철학적 고전이기도 하다(9장 참조).

철학과 아동 사이의 관계에 대해서 조금씩 알아가면서 자연스럽게 철학과 아동문학 사이의 관계에 대한 논문을 쓰게 됐다. 동료의 독촉으로 나는 미국철학협회American Philosophical Association 동부지부의 프로그램위원회에 논문을 투고했고, 그것이 받아들여져 샌프란시스코에서 열린 철학자 모임에서 발표했다. 다소 놀랍게도 거기에서 나는 초등학교 교사뿐 아니라 전문적인 철학자들도 철학과 아동문학 사이의 관계에 대해서 흥미를 가지고 있음을 발견했다. 그때 나는 철학적 아동문학의 작가들이 호소하는 아동들의 철학적 사고를 탐구하는 데 관심을 갖게 됐다. 이 때문에 나는 다시 세라와 벼룩을 생각하게 됐다.

결국 나는《철학과 아동*Philosophy and Young Child*》(Harvard, 1980)을 썼는데, 이 책의 주 논제는 일부 어린이들은 전문적인 철학자들도 철학적인 것으로 인정할 만한 질문을 자연스럽게 던지고, 논평을 하며,

심지어 추론도 한다는 것이었다. 이 책의 맨 앞부분에서 여섯 살짜리 팀이 "아빠, 모든 것이 꿈이 아니라는 것을 어떻게 확신할 수 있어요?" 라고 물었을 때, 팀은 철학에서 가장 오래되고 끈덕지게 당혹스러운 질문을 던진 것이었다. 그리고 나중에 팀이 "만일 모든 것이 꿈이라면, 우리는 그것이 꿈인지를 물으면서 돌아다니지는 않을 거예요"라고 말하면서 추론을 통해서 아빠를 안심시키려고 할 때, 팀은 이 문제에 대해 데카르트와 플라톤의 응답과 비교할 만한 해결책을 제시하는 셈이다.

내가 했던 일상적인 연구에 따르면 그 같은 철학으로의 자발적인 여행은 3세부터 7세까지의 어린이들에겐 전혀 특이한 일이 아니다. 하지만 겨우 8세 및 9세만 돼도 이는 드물어진다(적어도 보고된 사례는 드물다). 나의 가설은 일단 어린이들이 학교에 잘 적응하게 되면, 이들은 자신이 '유용한' 질문만을 하도록 기대된다는 점을 배운다는 것이다. 그렇게 되면 철학은 개인적으로 추구하기 위해 지하로 들어가 아마 다른 사람들과는 공유되지 않는 것이 되거나 아니면 완전히 휴면기에 접어든다.

어느 정도 나이가 든 어린이들을 의도적으로 자극하면 철학적 질문에 대해 여전히 창의적이고 재치 있게 응답한다는 것을 입증하기 위해서, 나는 대부분 어린이인 등장인물들이 어른의 도움을 받지 않고 철학적 이슈나 문제에 우연히 관여하게 되는 이야기 도입부를 쓰는 기법을 개발했다. 가령 낡은 배를 타게 된 프레디는 그 배의 판자 85퍼센트가 교체됐다는 것을 알게 된다. 배를 돌아다니면서 프레디는 '물에 뜬 것으로서는 가장 오래된 가로돛단배'의 갑판을 걸을 수 있다는 점을 자랑스럽게 느낀다. 하지만 프레디의 누나는 애초의 판자 중 대부분 조각이

한 개 한 개씩 교체되었다는 것을 알고는 프레디의 자부심을 놀린다. "판자의 85퍼센트가 새것이라면 이 배는 오래된 배일 수가 없단다. 그러니 물에 뜬 것으로는 가장 오래된 가로돛단배라고는 생각하지 말거라"하고 비웃는다. 이런 회의주의적 표현이 나오면서 도입부만 있는 내 이야기는 끝이 난다.

이 같은 시작만 있는 이야기를 들고 나는 교실에 가서 아이들에게 이 이야기가 어떻게 계속되어야 하는지를 물었다. 아이들은 전혀 망설이지 않고, 이 이야기가 제기하는 통시간적 동일성이라는 당혹스러운 문제에 대한 활발한 토론에 들어갔다. 아이들은 배를 부속품이 조금씩 교체되는 자전거나 차와 비교했다. 심지어 아이들은 가끔 자기 몸의 세포가 조금씩 대체되는 것도 논의했다. 아이들은 곧 배나 자전거 혹은 인간의 신체가 통시간적으로 지속되기 위한 조건들에 대해 쉽게 식별할 수 있는 입장을 가지기 시작했다.

어떤 아이는 목재가 반 이상 교체됐다면 그 배는 새 배라고 말할지 모른다. 다른 아이는 최초의 판자 중 최소한 하나만(!) 남아 있으면 오래된 배가 항해 중이라는 점을 용납했을지도 모른다. 또 다른 아이는 판자가 처음 교체되는 순간 그 배는 새 배라고 제안했을 수도 있다. 어떤 아이는 배의 특정 부분, 아마도 용골이나 돛대 혹은 조타기 등을 오래된 배의 지속성을 위해서 본질적인 것으로 꼽았을 것이다. 또 다른 아이는 판자가 조금씩 점차적으로 교체되고 배가 익숙한 항로를 계속 항해하는 한 오래된 배라고 만족스럽게 생각했을 수도 있다.

나는 이 이야기 도입부만을 소개하는 기법을 미국과 외국의 여러 학교에서 사용했다. 내 책《어린이를 위한 철학이야기*Dialogues with*

Children》(Harvard, 1984)는 스코틀랜드에 있는 음악 학교를 다니는 8세에서 11세까지의 아동들로 이루어진 작은 학급에서 이 기법으로 거두었던 성과를 설명한 것이다. 이 책은 또한 아동의 목소리(그리고 마음!)를 통한 철학 입문서이기도 하다.

지금까지 나는 철학자로서의 어린이에 대해서 말했다. 이 주제로부터 아동기의 철학과 같은 과목이 있을 수 있다는 생각까지 어떻게 나아갈 수 있을까?

나의 여행은 많은 어린이들이 자연스럽게 철학적이라는 사실이 왜 놀랍게 보이는지에 대한 고민으로 시작됐다. 나는 자신에게 물었다. 아동과 아동기의 본성에 대하여 내가 전에 받아들였던 어떤 생각이 나로 하여금 어린이들은 자연스럽게 철학에 대한 능력을 기른다는 것을 그렇게 놀랍게 받아들이게 했는가? 아마도 아동에 대한 관념 자체가 포착하기 어렵고 문제가 되는problematic 개념인데, 어떤 면에서 나는 그 점을 제대로 인식하지도 못했고 심지어 생각해보려 한 적도 없었을지도 모른다.

내가 《어린이를 위한 철학이야기》를 출판하기 4년 전, 실제로 매슈 리프먼은 미국철학협회가 주최한 연례 모임의 한 심포지엄에서 아동기 철학을 종교철학, 과학철학, 예술철학, 역사철학 등처럼 이미 대학 교과과정에서 인정받으며 우리에게도 익숙한 'x의 철학'과 유사하게 생각해볼 것을 제안한 적이 있었다.

사람들이 신, 양자물리학, 무엇이 예술 작품으로 간주되는지, 역사적 사건의 원인 등 철학적으로 문제가 되는 온갖 것들을 논의하는 것처럼, 아동기에 대해 철학적으로 문제가 되는 것들을 논의할 수 있다. 따라서 매슈가 제안한 것은 사실상 우리 철학자들이 다음과 같은 질문들에 주의를 돌리자는 것이었다.

- 아동이라는 것은 무엇인가?
- 아동의 사고방식은 '우리의' 방식과 어떻게 다른가?
- 어린아이들은 정말로 이타적인 능력을 가지고 있는가?
- 아동은 부모와 '관계를 끊을' 권리를 가지고 있는가?
- 아동 미술의 일부 작품은 유명한 현대미술가들의 '봉선화stick figures'나 페인트 얼룩과 마찬가지로 예술적으로 혹은 미학적으로 훌륭할 수 있는가?
- 성인들이 아동들을 위해 쓴 문학 작품은 바로 그 이유 때문에 진정한 아동문학이 아니라고 해야 하는가?

내 기억에 처음에 나는 매슈의 제안을 거절했지만 곧 받아들이게 됐다. 1985년과 1988년에 나는 미국인문재단National Endowment of Humanities이 주관하는 대학 교수를 위한 여름 세미나를 맡았었다. 제목은 '아동기 철학의 쟁점들'로, 주의해서 선택한 것이었다. 아동기의 철학이 정말로 마음의 철학, 수학의 철학 등과 마찬가지로 학문적으로 정당한 교과목이라는 점을 미국인문재단 측에 입증하는 과제를 피하고 싶어서, 나는 마치 이미 수용된 탐구 영역으로부터 토론의 쟁점들을 그저 선택만 한 것처럼 제목을 정했다.

두 번의 세미나에 참석한 각각 12명의 사람들 모두가 아동기의 철학이 정당한 탐구 영역으로 인정받아야 한다는 생각을 아무 어려움 없이 받아들이는 것처럼 보였다. 우리는 아동기에 대해 함께 생각하는 것으로 세미나를 시작했는데, 이 개념은 철학적으로뿐 아니라 역사적, 문화적으로 문제가 되는 개념으로 드러났다.

아동기에 대한 우리의 개념은 우리가 가진 그 개념이 근대의 발명일 수도 있다는 점에서 역사적으로 문제가 된다.[1] 그 전 시대에서는 아동이 '작은 사람' — '큰 사람'보다 적게 먹고 적게 일할 수 있는 사람이긴 하나 부여받는 과업의 종류나 생각 및 행동 방식에서 차이가 있는 것으로 생각되지는 않았다 — 으로 인정받았던 듯하다.

아동기의 개념은 그것이 모든 다른 문화에서 충분히 공유되지 않는다는 점에서 문화적으로도 문제가 된다. 마거릿 미드Margaret Mead는 이야기가 어린이들이 아니라 어른들을 위해 존재한다고 생각하는 태평양의 한 섬 문화에 대해 언급했다. 이 문화에서, 공상과 상상의 세계와는 멀리 떨어져 있는 아동기는 현실적이고 평범한 시기이다.[2]

마지막으로 아동기의 개념은 아동과 성인 사이의 차이가 정확히 어떤 **종류**인지를 밝히려 할 때 진정으로 철학적인 어려움이 존재한다는 점에서 철학적으로 문제가 된다.

두 번의 미국인문재단 세미나에서 우리는 계속 여러 주제들을 다루었는데, 그중 일부가 순서대로 이 책의 장들로 구성되었다. 우리는 아동이라는 것이 무엇인지를 이해하기 위해 도움이 될 만한 방식들에 대해 논의했는데, 여기에는 개별적 인간의 발달은 인간 종 발달의 역사의 개요를 말한다는 이론이 포함된다(2장). 우리는 아동의 인지 발달론, 특히 장 피아제의 발달론에 대해 논의했다(3, 4장). 그리고 도덕 발달론에 대해 생각했다(5장). 우리는 아동에 **의한** 미술에 대해 논의했으며(10장), 아동을 **위한** 문학에 대해 논의했다(9장). 그리고 물론 우리는 아동의 권리에 대해서도 토론을 벌였다(6장).

실제로 다음 장들에서 다루어질 주제들 중에서 우리 의제의 일부가 분명히 아니었던 것은 아동기의 기억상실(7장)뿐이다. 하지만 이 주제마저도, 유아기를 그렇게 신비롭고 흥미롭게 만드는 이유는 어느 누구도 아주 어린 아이였을 때를 기억하지 못하기 때문이라는 취지로, 우리가 했던 이야기 중에 가끔 등장했었다.

그러니까 나는 매슈 리프먼의 제안에 설득을 당했다. 지금 내게는 아동기 및 아동기에 대한 이론 모두가, 실제로 철학적 검토와 비판을 받을 필요가 있다는 것이 분명해 보인다. 그래서 나는 마운트 홀리요크 대학에서 '아동기의 철학'이란 이름으로 최초의 강의를 했다.

이 책에서 나는 아동기의 철학이라는 새 주제에 어떤 것이 포함될지에 관해서 충분히 설명하려는 시도는 하지 않는다. 대신 나는 그것과 관련한 쟁점 중 일부에 대해서 개인적인 응답을 제시한다. 그러나 하나의 아동기의 철학, 정확히는 나 자신의 아동기의 철학을 발표하면서 나는 미래의 철학 교과과정에 학문적 연구, 글, 강의의 정식 영역으로서 아동기의 철학을 위한 자리가 보장되기를 희망한다.

1

.....

아동기에 대한
한 철학자의
견해

"여러분은 시간의 시작과 같은 것이 있을 수 있다고 생각합니까?" 매사추세츠 주 뉴턴에서 나의 철학 토론 그룹에 나오는 수십 명의 초등학교 3, 4학년생들에게 물어보았다(우리는 시간 여행에 관한 글짓기를 하려는 중이었다).

"아니요" 하고 몇 아이가 답했다.

그때 닉이 큰 소리로 말했다. "우주는 모든 것이고 모든 곳에 있어요" 하고 발언한 후 잠시 멈췄다. "하지만 만일 빅뱅 같은 게 있었다면, 빅뱅은 어디 **안에** 있었던 거죠?"

닉의 질문은 나 역시 오랫동안 고민하던 의문이었다. 나 자신의 경우, 박식한 천체물리학자와 우주론자가 하는 우주의 기원에 대한 '빅뱅' 이론 강의를 들어봐도, 닉이 그렇게 간단하게 직접적으로 분명하게 표현했던 개념적인 걱정이 달래지진 않았다.

이에 관한 토론을 할 때 닉은 막 아홉 살이 된 아이였다. 그룹의 다른 아이들은 아홉 살에서 열 살 반 정도였다.

닉은 우주가 어떻게 시작될 수 있었는지에 대한 진정한 의문을 가지고 있었을 뿐 아니라 또한 우주를 포함한 모든 것은 시작을 필요로 한다는 형이상학적 원리를 가지고 있었다. 존재하는 모든 것에는 시작이 있다고 그는 말했다. 그가 깨달았듯이, 이 원리는 우주에 관해서도 같은 문제를 다시 불러온다. "우주는 어떻게 시작했을까?" 하고 그는 계속 궁금해했다.

"우주는 그 **위**에 모든 것이 나타났던 바탕이에요"라고 샘이 말했다. "그것은 실제론 아무것도 아니고, 다른 것들이 그 **위**에서 시작된 무엇인가예요."

"그렇다면 우주는 항상 있어야 하겠네요?" 하고 내가 물었다.

"예" 하고 샘이 동의했다. "우주는 항상 있어야만 해요."

"그럼 만일 우주가 항상 있었다면" 내가 계속해서 말했다. "최초의 시간도 역시 없었겠네요."

"특정한 것들엔 최초의 시간이 있었죠." 샘이 설명했다. "하지만 우주의 경우에는 아니에요. 지구엔 최초의 시간의 있었고, 별들에도 최초의 시간이 있었고, 태양에도 최초의 시간이 있었지만 우주에는 최초의 시간은 없었어요."

"샘은 닉에게 우주는 항상 존재해야 한다는 점을 확신시킬 수 있겠어요?" 내가 샘에게 물었다.

샘은 수사적인 질문으로 답했다. "우주는 어디 **위**에서 나타났을까?" 하고 그는 간단하게 물었다.

"그게 내가 이해하지 못하는 점이야" 하고 닉이 인정했다.

우주에 대한 샘의 개념(모든 것이 그 '위에서' 나타난 것)은 플라톤의 대화편 《티마이오스*Timaeus*》에 나오는 수용체receptacle 개념을 연상하게 한다. "창조되고 눈에 보이는 모든 것 그리고 감지 능력이 있는 모든 것의 어머니와 수용체는 흙도 아니고 공기도 아니고 물도 아니고 이것들의 복합물도 아니고 이것들의 요소들도 아니며, 모든 것들을 수용하는 것으로 눈에 보이지도 않고 형상도 없는 것이다."(*Timaeus*, 51A) 이 견해에 따르면 우주 자체는 결코 생성되지 않으며, 다른 것들이 그 안에서 또는 '위에서' 생성되는 것이다. 만일 같은 그룹의 또 다른 아이 로스가 나중에 주장했듯이 사물들이 "광대한 암흑 위에서 시작했다면, 그것이 바로 우주이며, 그렇다면 우주는 광대한 암흑이다."

나는 샘의 개념이 플라톤의 개념을 연상하게 한다고 말했다. 그러나 샘의 생각이 플라톤의 생각보다 나은 점도 있다. 수용체는 용기라는 생각이다. 용기는 어떤 것은 안에 가두고 다른 것들은 밖에 둔다. 사물을 안에 가두고 밖에 두기 위해서 그것은 벽을 가져야 한다. 다른 것들이 그 위에 나타나는 것이라는 샘의 생각은 3차원적 실재를 2차원으로 투사한다. 하지만 그로 인해 우리는 무한한 경계를 가진 것으로서의 '존재의 지면'에 대해 생각하게 된다. 대조적으로 플라톤의 그릇은 유한해야 한다. 더욱이 우리는 그릇의 벽의 본성은 어떤 것일 수 있을지가 궁금해진다. 플라톤은 이 질문에 대한 답을 전혀 하지 않지만 말이다.

우리가 토론할 때, 닉은 존재하는 모든 것에는 시작이 있다는 자신의 원리를 결코 포기하지 않았다. 그러나 이 원리가 우주 자체에 어떻게 적용될 수 있는지에 대해서 골똘히 의문을 품었다. 우주는 최초에 어디 위에서 나타났을지에 대한 질문을 받을 때마다 닉은 애교 있게 솔직하게도 "그게 내가 모르는 부분"이라고 답했다. 물론 존재하는 모든 것에는 시작이 있다는 자신의 원리에 대해 이 문제를 최초로 제기했던 사람 역시 바로 닉이었다.

뉴욕 인들이 미국을 보는 관점을 묘사한 솔 스타인버그Saul Steinberg의 《뉴요커New Yorker》 표지에 친숙한 사람이 많을 것이다. 맨해튼 섬이 그림의 가장 큰 부분을 차지하고 있고 뉴욕 시의 다른 지역들이 맨해튼 보다는 작지만 뚜렷이 보인다. 샌프란시스코는 반대편 해안에서 멀리 보인다. 둘 사이에는 별로 보이는 것이 많지 않다.

아동기에 대한 철학자의 견해는 이와 비슷하게 왜곡됐을 것이다. 그 철학자의 견해에 따르면, 아동들은 둘러앉아서 "우주 자체는 시작이 있었을까? 그렇다면 그것은 어디 위에서 시작되었을까?"와 같은 마음을 어지럽히는 질문들에 대해 일급 토론을 하고 있다. 비록 내가 쓴 글에서 **일부** 아동들이 이런 일을 **가끔** 한다고 기록했지만, 심지어 나도 이런 유형의 활동이 아동기의 가장 뚜렷한 특징이 아니라는 점을 인정해야 할 것이다.

하지만 여전히 앞에서 내가 기록했던 것과 같은 토론이 이루어질 수 있으며 가끔 실제로 일어난다는 점을 지적할 가치가 있다. 이 점을 지적하는 것은 최소한 두 가지 점에서 중요하다. 첫째, 아동들에게 나타나는 철학적 사고는 발달심리학자들이 우리에게 제공했던 아동기에 대한 설명에서는 빠져 있다. 비록 철학적 사고가 아동기의 가장 뚜렷한 특징은 아니더라도, 그런 것이 있다는 점은 주목해야 한다. 그 이유 중 하나는, 철학적 사고를 제외하는 것이 아동에 대한 부당한 우월감을 가지도록 부추긴다는 사실이다. 만일 샘과 닉이 직면한 가장 힘겨운 지적 도전이 구구단의 12단과 'to be' 동사의 수동태를 배우는 것이라면, 사고하는 사람으로서의 아동들을 향한 우월감은 실제로 어느 정도 근거가 있다. 하지만 만일 샘과 닉이 생생하고 무시할 수 없는 형식으로 우주가 어떻게 시작될 수 있었는지에 관한 의문을 우리에게 제기한다면, 아동들은 최소한 어떤 맥락에서는 그것을 이해하기 위한 협력에서 어른들의 동반자로 간주되어야 한다.

어린아이들의 철학적 사고에 대해 합당한 설명을 하는 것이 중요한 두 번째 이유가 있다. 그렇게 하는 것이 우리가 철학을 이해하는 데 도움을 준다.

철학의 많은 부분은 무엇을 안다는 어른들의 가식을 포기하는 것을 포함한다. 철학자들은 "도대체 시간이란 무엇인가?"라고 묻는다. 분명히 대부분의 어른들은 그런 질문을 할 시기를 진작에 지났다고 생각할 것이다. 어른들은 주말에 쇼핑할 시간이 충분한지, 혹은 신문을 읽을 시간이 충분한지에 대해서는 알고 싶어 할지도 모른다. 지금이 몇 시인지what time it is 알고 싶어 할지는 몰라도, "시간이란 무엇인가what is time?"를 알고 싶다는 생각은 안 할 것이다. 성 아우구스티누스가 이 점을 잘 말한 바 있다. "그렇다면 시간이란 무엇인가? 아무도 내게 묻지 않는다는 점을 보면, 나는 알고 있다. 하지만 내가 질문자에게 그것을 설명하려고 하면, 나는 완전히 당황하게 된다."(Confession, 11.14) 어린이들이 묻는 짜증나는 질문들 중에는 진정으로 우리를 당황하게 만드는 것들이 있다. 철학이란, 중요한 의미에서 어느 정도는, 아동기의 진정으로 당혹스러운 질문들을 성인이 다루려고 시도하는 것이다.

내가 어렸을 때 시간이 무엇인지에 대해 자문했는지는 기억나지 않는다. 하지만 세계의 시초에 대해 골똘히 생각한 적은 있다. 대여섯 살 때 어린이로서 궁금했던 것은 다음과 같은 형태의 질문이었다. "신이 어느 특정 시각에 세계를 창조했다면, 어째서 세계는 영원히 계속해서 존재했던 것처럼 보이는가?"

지금 나는 우주에 대한 내 질문이 성 토마스 아퀴나스와 약간 비슷하다는 것을 알고 있다. 나처럼 아퀴나스도 신이 세계를 창조했다는 기독교의 원리를 받아들였으며, 실제로는 무로부터 창조했다고 아퀴나스는 추정했다(무로부터의 창조*ex nihilo*가 여섯 살 어린이였던 내 신학에 포함되었던지 여부는 지금은 모르겠다). 하지만 아퀴나스는 또한 세계의 영원성에 대한 아리스토텔레스의 논증에 크게 경의를 표하고 있었다. 그래서 아퀴나스는 아리스토텔레스의 매우 인상적인 논증에서 드러나듯, 시초가 없어 보이는 것과 창조 — 이것을 아퀴나스는 절대적 시초라고 생각했다 — 라는 계시 원리를 어떻게든 조화시켜야 했다.

아동기의 나로 말하자면, 한 가지 유비가 떠올랐다. 어머니에게 물어봤지만 도움이 될 만한 답을 듣지 못한 후, 나중에 나는 어머니를 안심시켰다. "걱정하지 마세요, 엄마. 내가 생각하기에 그것은 누군가가 그린 완전한 원 같아요. 그걸 그렸을 때 거기 있었다면, 그 원이 어디에서 시작했는지를 알 수 있었을 거예요. 하지만 지금 그것을 보면, 어디에서 시작했는지를 말할 수가 없죠. 그것은 끝이 시작과 연결돼서 끝과 시작이 보이지 않는 완전한 원 같은 거예요."

60년이 흐른 지금, 대학생들에게 아리스토텔레스나 아퀴나스를 가르칠 때, 나는 그때 질문을 던지던 아이를 나와 나의 학생들 안에 자리 잡게 하려고 노력한다. 그렇게 하지 않는다면, 우리가 함께하는 철학은 절박함과 의미를 상당 부분 잃어버릴 것이다.

아동들을 탐구의 동반자로 존중하는 문제로 돌아가보자. 부모와 교사는 아이들을 양육하고 가르치고 안심시키고 영감을 불어넣기 위해 짊어진 부담에 너무 몰두한 나머지 아동이 어른에게 제공할 수 있는 것의 진가를 알아보지 못하는 일이 많다. 아동들이 우리들에게 제공하는 흥미진진한 것들 중 하나는 새로운 철학적 관점이다.

네 살인 크리스틴의 경우를 살펴보자. 크리스틴은 수채화용 그림물감을 사용하는 방법을 독학하고 있었다. 그림을 그리다가, 크리스틴은 색깔 자체에 관해 생각하기 시작했다. 침대 위에 앉아 아빠와 말을 하던 중, 크리스틴은 "아빠, 이 세상은 모두 색깔로 만들어졌어요" 하고 발언했다.

크리스틴의 아빠(나도 아는 사람이었다)도 네 살짜리 딸만큼 그것을 모두 이해하고 싶어 했다. 그래서 크리스틴의 가설을 좋아했고 긍정적으로 반응했다. 하지만 한 가지 난점을 깨닫곤 딸에게 물었다. "그러면 유리는 어떠니?"

크리스틴은 잠시 생각했다. 그러곤 단호하게 발언했다. "색깔 **그리고** 유리로요."

모든 훌륭한 철학자와 마찬가지로, 크리스틴은 자신의 거대한 가설이 반례를 만났을 때 어떻게 해야 할지를 알고 있었다. 반례를 가설 안으로 포함해버리는 것이다!

크리스틴의 색깔 가설은 신선하고 흥미진진할 뿐 아니라 — 최소한 아빠에게는 그녀가 줬을지도 모를 수채화만큼 훌륭한 선물이었다는 점을 말해야겠다 — 기록이 남아 있는 철학자들 중 가장 초기의 철학자들, 즉 고대 밀레투스 인들의 사상을 떠올리게 만든다. 크리스틴과 마찬가지로 밀레투스 인들도 세상 만물이 무엇으로 만들어졌는지 알고 싶어 했다. 탈레스는 '물'이라고 했다(지구는 얼려진 혹은 조밀한 물이며, 공기는 아주 희박하게 된 증기라고 생각한 듯하다). 아낙시만드로스는 '무한자'이거나 '무규정자'라고 한 반면에 아낙시메네스는 '공기'라고 했다(나는 이 가운데 어떤 가설보다 크리스틴의 가설이 더 좋다).

크리스틴에 관한 더 나중의 일화는 소크라테스 이전 시대의 철학자 파르메니데스를 연상케 한다. 크리스틴은 다섯 살이었고 읽는 법을 배우고 있었다. 크리스틴은 음절을 짚어가며 소리를 냄으로써 낱말을 인식하는 법을 배우는 중이었다. 크리스틴은 자신의 성취를 아주 자랑스러워했다.

이번에도 침대에 앉아 아빠와 이야기를 나누면서 크리스틴은 "우리에게 글자가 있어서 참 다행이에요"라고 말했다.

크리스틴의 아빠는 이 특별한 감사의 표현에 조금 놀라서 "왜?" 하고 물었다.

"왜냐하면 글자가 없다면 소리도 없을 테니까요" 하고 크리스틴은 설명했다. "만일 소리가 없다면 말도 없을 거예요…. 만일 말이 없다면 우리는 생각할 수 없어요…. 그리고 우리가 생각할 수 없다면 세상도 없을 거예요."

크리스틴의 연쇄 추론은 숨이 막힐 정도이다. 그것은 또한 파르메니데스의 수수께끼 같은 단평 '생각하는 것과 존재하는 것은 같다*to gar auto* *noein estin te kai einai*'를 상기하게 한다. 이것은 '오로지 생각될 수 있는 것만 존재할 수 있다'를 함축하는 말로 이해할 수 있다. 그렇다면 우리가 크리스틴의 흥미로운 가정 — (1) 말이 없으면 아무것도 생각될 수 없으며 (2) 글자가 없으면 말도 없을 것이다 — 을 인정한다면, 우리는 '글자가 없으면 세상도 없다'라는 대단히 흥미로운 결론을 얻게 된다.

크리스틴으로부터 나온 두 개의 일화는 아동의 사고는 그것을 들어주려는 귀를 가진 부모나 교사에게는 값을 매길 수 없는 선물일 수 있음을 보여준다. 그리고 이 두 일화는 어느 정도 철학이 아동기의 질문에 대한 성인의 응답이라고 생각할 근거를 제공한다.

20세기에 들어와 아동기에 대한 연구는 감탄스러울 정도로 놀랍게 성장했다. 우리 시대에 아동기를 연구하는 방식의 중심에는 두 개의 생각이 있다. 하나는 아동은 발달하며 발달은 **성숙**의 과정이라는 생각이다. 어느 정도로 성숙은 명백히 생물학적 과정이다. 아동은 점점 커지며, 팔과 다리는 길어지고, 아기의 얼굴은 자라면서 나이가 들어 보이고, 젖니는 빠지고 영구치로 대체된다. 하지만 성숙은 또한 심리적이고 사회적인 과정이기도 하다. 아기의 말, 생각, 행동은 어린아이의 말, 생각, 행동으로 대체되며, 다음에는 유년기, 청소년기, 그리고 마지막으로 성인의 것으로 대체된다.

아동기에 대한 최근의 연구에 중심적인 두 번째 생각은 성장이 식별 가능한 **단계** 안에서 일어난다는 것이다. 교사들이 증언하듯, 아동이 경험하는 생물학적 성장 단계는 그들의 실제 나이와 오직 대략적으로만 상관관계에 있다. 그래서 한 교실 안에서 한 아이는 나머지보다 훨씬 큰 반면에, 다른 아이는 학급의 평균 키보다 작다. 그러나 지적, 사회적 성장뿐 아니라 생물학적 성장 단계는 연령과 최소한 대략적으로 관계가 있다. 성숙의 개념과 연령과 관련된 단계의 연속이라는 개념을 합치면, 아동 발달은 식별 가능한 단계 — 최소한 대략적으로 연령과 관련된 일련의 연속적 사건들로 나뉘는 단계 — 를 가진 성숙의 과정이라는 개념을 얻는다.

분명히 성숙maturation은 목표가 있다. 그것의 목표는 성숙함maturity이다. 앞선 단계는 뒤 단계에 의해 대체되는데, 앞 단계는 자동적으로 덜 만족스러운 것으로 가정된다. 그래서 아동 발달의 이른바 '단계/성숙 모델'이 아동기 연구에서 의심할 수 없이 받아들여지긴 하지만, 그 안에는 편향된 평가가 들어가 있다. 표준적인 12세 아이의 생물학적이거나 심리적인 구조가 무엇이든 간에, 발달의 단계/성숙 모델은 연구가 아예 이루어지기도 전에 12세 아이의 구조가 6세 아이의 구조보다 좀 더 만족스러울 것이라는 점을 보장한다.

인간 발달의 많은 영역에서 이러한 편향된 평가는 상당히 적절한 것으로 보인다. 우리는 성인은 물론 청소년도 젖니를 가지고 성인용 스테이크를 썹으리라 생각하지는 않는다. 그러나 철학에 관한 한, 이 가정은 타당하지 않다. 여기에는 몇 가지 이유가 있다.

첫째, 단지 표준적인 방식으로 성장한다고 해서, 청소년이나 성인이 철학적 질문들, 가령 시간에 시작이 있을 수 있는지 혹은 슈퍼컴퓨터가 마음을 가졌다고 말할 수 있는지 등을 논의할 수 있는 적절한 성숙의 수준을 자연스럽게 성취한다고 가정할 만한 근거가 없다.

둘째, 어린아이의 철학적 논평과 질문을 듣는 사람은 누구에게도, 이 논평과 질문이 심지어 가장 상상력이 풍부한 성인도 따라잡기 힘든 신선함과 창의성을 가지고 있다는 점이 분명하다. 신선함과 창의성은 철학을 잘하는지를 평가하는 유일한 기준은 아니다. 규율과 엄격함도 중요하게 간주돼야 한다. 사람들은 아동이 성인보다 규율을 덜 지키고 덜 엄격하다고 예상할 수 있다. 하지만 철학에선, 시에서와 마찬가지로 신선함과 창의성이 훨씬 소중히 여겨져야 한다.

나는 최근에 대학 강의실에서 학생들에게 《철학과 아동》의 첫머리에 나오는 팀의 질문, 즉 "아빠, 우리는 모든 것이 꿈이 아니라는 것을 어떻게 확신할 수 있죠?"에 대한 응답을 글로 제출하라고 부탁했다. 학생의 어머니 한 명은 당시 세 살 반이었던 그녀의 딸이 언젠가 "엄마, 우리는 '생방송' 중인가요, 아니면 녹화된 방송인가요?" 하고 물었던 것을 기억해냈다. 이 아이의 질문은 분명히 전통적인 꿈과 관련된 질문과 중요하게 닮았다. 그러나 그것은 또한 정말 기분 좋을 만큼 신선하고 새로운 질문으로, TV가 있기 전 실제로 비디오카메라와 VCR의 개발이 이루어지기 전에는 생각될 수 없었던 질문이다.

꿈 문제의 어떤 특징은 비디오 문제에까지 영향을 미친다. 마치 내가 꿈속에서 나는 깨어 있다고 생각할 수도 있는 것과 꼭 마찬가지로 '생방송 중'이라는 단어가 내가 비디오를 보고 있을 때 화면 위에 나타날 수 있다. 그러나 어떤 특징은 새로운 것이다. 꿈 문제와는 다르게, 비디오 문제는 우리의 일생이 이미 녹화되어서 상영되기만을 기다리고 있다는 점을 시사한다.

그래서 아동들은 신선하고 창의적인 사상가이다. 성숙함이 진부함과 함께 창의력의 상실을 동반하는 일이 너무나 많다. 이것이 아동 발달의 단계/성숙의 모델 안에 포함된 평가적 가정을 거부하는 두 번째 이유이다.

셋째, 데카르트는 우리에게 '처음부터 시작'하는 것으로 철학을 하라고 가르쳤다. 내 선생님이 가르치는 것 또는 내 주변의 사회가 수용하는 듯 보이는 것이 정확하다고 가정하는 대신에, 나는 신선하게 시작해야 한다. 그래서 내가 알고 있다고 주장하는 것이 무엇이든지 그것을 내가 정말로 알고 있다는 것을 나 자신의 방법으로 입증할 수 있는지 확인해봐야 한다. 대학생들이 첫 철학 시간에 배우게 되듯이, 성인의 가정을 단지 잠깐이라도 그리고 매우 제한적인 목적을 위해서라도 제거하는 것은 쉬운 일이 아니다. 다시 말해 성인에게는 쉽지 않은 일이다. 아동에게는 별로 문제 되지 않는다. 그러므로 어떤 면에서, 데카르트를 추종하는 성인 철학자들이 '처음부터 시작'하라는 말을 따라 시도할 때, 이들은 자신을 단지 잠깐만일지라도 어린아이로 만들려 시도하는 셈이다. 성인들에게 이것은 어려운 일이다. 어린이들에게는 불필요한 일이다.

'처음부터 시작'하는 것이 철학을 할 때 하는 모든 것은 아니다. 전혀 그렇지 않다. 그러나 '순진한naive' 질문에 친숙해지는 법을 배우는 일은 철학을 잘하는 데 중요한 부분이다. 이 이유와 앞서의 두 이유 때문에, 철학에 관한 한 단계/성숙 모델의 평가적 가정은 모두 틀리게 된다.

앞서 언급한 미국에 대한 《뉴요커》의 관점처럼, 어린이를 꼬마 철학자로 보는 나의 견해는 왜곡된 것일 수 있다. 그러나 아동기를, 성숙함을 목표로 연령과 대략적으로 관련된 연속적인 단계를 통해 발달하는 것으로 보는 전통적인 관점 또한 왜곡된 것일 수 있다. 때때로 하나의 왜곡을 교정하는 최선의 방법은 그것에 반대되는 매력적인 또 다른 왜곡과 짝을 지어주는 것이다. 이번 경우 이러한 방법이 맞기를 바란다.

2

아동기
이론과 모델

우리 세대의 많은 부모처럼 아내와 나는 낡을 대로 낡은 벤저민 스폭 Benjamin Spock의 《유아와 육아 *Baby and Child Care*》를 옆에 두고 아이 들을 키웠다. 한밤중에 아이가 열이 날 때, 스폭 박사의 "1세에서 5세 사이의 어린이들은 섭씨 40도까지 열이 날 수도 있다"라는 글을 읽고 우리는 안심했다. 6개월 된 이웃의 아이가 아직 이가 나지 않았을 때, 스폭 박사의 "어떤 아기는 3개월 때 처음 이가 나고, 어떤 아기는 1년 이 되어서야 난다. 하지만 두 아기 모두 건강하고 정상적인 유아다"라 는 글을 읽어줌으로써 이웃을 안심시키기도 했다.[1]

그렇지만 '아이의 발달'이라는 제목의 장 도입부에서 스폭 박사는 다 소 다른 어조를 택한다. 그것은 마치 상체를 뒤로 기대고 회전의자에 앉아 웅장한 주제에 대해 상세히 설명하는 것 같다. 이 장이 시작하는 단원 351에는 "아기는 인류의 전체 역사를 반복하고 있다"라는 굵은 활자체의 설명문을 달았다. 그 첫 문단은 다음과 같이 계속된다.

이 세상에서 아이가 성장하고 발달하는 것을 지켜보는 것보다 더 흥미진진한 것은 없다. 처음에 당신은 그것을 그저 점점 커지는 것으로만 생각한다. 그러다 아이가 이런저런 일을 하기 시작하면, '요령을 배우는 것'으로 생각할지도 모른다. 그러나 실제로 그것은 더 복잡하며 그 이상의 의미로 가득 차 있다. 각 아이는 발달하면서 인류의 전체 역사를, 육체적으로나 정신적으로나 한 걸음씩 되짚어간다. 아기는 자궁에서 아주 작은 한 개의 세포로 시작하는데, 이것은 최초의 생명체가 대양에서 나타났던 바로 그 방식이다. 몇 주 후에 아기가 양막의 유체에 누워 있을 때, 아기는 물고기처럼 아가미를 가지고 있다. 아기가 태어나서 일 년이 될 때쯤 발로 기는 것을 배우는 것은 수백만 년 전에 인간의 조상이 네 발로 일어났던 시기를 기념하고 있는 것이다. 바로 이때 아기는 손가락을 솜씨 있고 정교하게 이용하는 방법을 배운다. 우리 조상들이 두 발로 선 것은 손으로 걷는 것보다는 손으로 할 수 있는 유용한 것들이 더 많다는 것을 발견했기 때문이다. 여섯 살이 지나면서 아이는 부모에게 의존하던 것을 일부 포기한다. 아이는 가족 밖의 세계에 적응하는 방법을 찾는 것을 자기 임무로 안다. 아이는 게임의 규칙을 진지하게 생각한다. 아이는 우리의 원시 조상들이, 독립적인 가족 집단으로 숲을 돌아다니는 것보다 더 큰 공동체를 형성하는 것이 더 좋다는 것을 발견했을 때의 인류 역사의 단계를 다시 살고 있는 것이다. (229)

여기서 스폭 박사는 아동기 이론을 제시하기 위해 그 자신의 임상적 경험은 물론 사실상 모든 의사의 임상적 경험을 훨씬 넘어선 것에 의존하고 있다. '개체 발생은 계통 발생을 반복한다'라는 슬로건, 즉 개체의 발달은 종의 발달을 반복한다는 슬로건이 이 점을 정확히 담아낸다.

우리는 반복설의 요소들을 고대 그리스의 소크라테스 이전 철학까지 추적해서 찾아낼 수 있다. 그러나 19세기에 들어와서야 독일의 생물학자인 에른스트 헤켈이 그 이론을 세련되고 현대적 형태로 만들었다. 얼마 지나지 않아 미국의 심리학자인 스탠리 홀G. Stanley Hall이 그의 고전 《청소년기Adolescence》에서 그 이론을 가장 영향력 있게 표현했다. 그 이론에 신뢰를 표한 다른 현대 사상가들 중에는 스폭 박사는 물론이고 프로이트, 피아제, 카를 마르크스의 공동연구자 프리드리히 엥겔스가 있다.[2]

우리는 스폭 박사가 아기의 이가 나는 시기나, 아기의 열이 얼마나 높아야 도움을 청해야 하는지에 대해 충고하는 의도가 무엇인지는 알고 있다. 하지만 아동기에 대한 이론을 제시하는 그의 의도는 무엇인가?

다시 한 번 말하건대, 우리는 급식이나 배변 훈련에 관한 스폭 박사의 충고를 수용하거나 거절할 수 있다. 그것은 우리 자신의 경험에 위배되거나 우리가 신뢰하는 누군가의 충고에 위배될 수 있다. 하지만 우리로 하여금 스폭 박사의 아동기의 반복설을 수용하게 하거나 거절하게 이끄는 것은 무엇일까? 그 문제와 관련해서, 애초에 도대체 왜 우리는 아동기 이론을 필요로 하는가? 그리고 스폭 박사가 권장하는 이론을 수용하든 안 하든, 아니면 다른 이론을 수용하든 안 하든, 또는 아예 아무 이론도 수용하든 안 하든 그것이 어떤 차이가 있는 것인가?

이 질문에 대한 답을 말하기 전에, 훌륭한 아동기 이론이 필요하다는 생각을 우리가 왜 자연스럽게 수용하는지부터 잠깐 살펴보고 싶다. 언젠가 나는 아주 우수한 중학교를 방문한 적이 있는데, 거기서 학생들과 함께 철학할 가능성에 대해 교사들과 토론했다. 토론 중에 한 교사가 4학년생들의 사고가 어떤 것인지를 물었다. 처음에 나는 그가 나를 시험하고 있다고 생각했다. 그 자신이 4학년생들의 사고가 어떤 것인지를 잘 알고 있기 때문에, 나도 잘 알고 있는지를 확인하려는 걸로 생각했다. 그렇지만 곧 나는 이 가설을 포기해야 했다.

내가 한두 개의 잠정적인 논평을 한 후, 갑자기 이 상황이 우스꽝스럽게 느껴졌다. 내게 질문을 했던 그 교사는 4학년생을 가르친 경력이 많은 교사였던 반면에 나는 평생 4학년생은 물론이고 초등학생들을 가르쳐본 적이 전혀 없던 사람이었다. 내 아이들이 그때 4학년을 다녔고, 가끔 4학년생이 포함된 작은 초등학생 그룹과 철학 토론을 한 적이 있었던 건 사실이다. 하지만 어떤 합리적인 기준으로도 나는 이 정도의 경력을 지닌 교사가 묻고 있는 4학년생들과의 경험은 상대적으로 적었다. 오히려 그가 전문가였고 확실히 프로였던 반면에, 나는 초심자였고 아마추어였다. 왜 내가 근무 시간 내내 그와 같이 지내는 바로 그 존재들에 대해 그 교사에게 말해야만 하는가? 대학교 교수인 나는 초등학생들을 단지 가끔 보는데 말이다.

내가 생각하기에 그 답은, 이 교사가 대학 교수들은 아동에 관한 **이론**, 즉 아동은 어떻게 생각하고 어떻게 행동하며 **이런저런 단계**에 있는 아동들은 어떠한지에 관한 이론을 가지고 있다는 생각에 익숙해졌기 때문이라는 것이다. 그는 전문가의 이론이라는 관념에 너무 익숙해져서 자신이 제일 잘 아는 사람들이 어떤지에 대해 대학교에서 온 외부 인사가 자신에게 말해줄 수 있다고 기꺼이 받아들일 준비가 되어 있었던 것이다.

요즘 우리가 아동기에 대한 이론을 대개 심리학자들에게서 찾는 것은 의심의 여지가 없다. 그러나 교육학자들도 이론이 있으며 인류학자들도 이론이 있고 심지어 언어 이론가들도 이론이 있다. 문화사학자들과 정치학자들은 말할 것도 없다. 그러면 철학자는 아동기 이론에 관해 유용하게 할 말이 있는가?

내가 이미 인정했듯이, 철학자들은 대체로 아동이 무엇인지에 대한 질문에 대해 놀라울 정도로 침묵했다. 그렇지만 이로부터 철학이 아동기에 대한 이론적 논의에 기여할 것이 아무것도 없다고 결론을 내리는 것은 경솔하다. 과거에 철학은 공간, 시간, 인과성, 신, 자유의지 등과 같은 문제가 되는 개념들에 사로잡혀 있었다. 하지만 아동의 개념도 역시 철학적으로 문제가 된다는 것이 밝혀질 것이다.

아동이 무엇인지에 대한 가장 단순한 이론은 '아동기의 작은 사람' 이론으로 부를 수 있는 것이다. 이 이론에 따르면, 아동은 아주 어리기 때문에 그저 아주 작은 인간이다. 이것은 아동 발달을 확대로 생각할 때 수용할 수 있는 이론이다. 스폭 박사가 말했듯 "처음에 당신은 〔발달을〕 그저 점점 커지는 것으로만 생각한다."

일반적으로 아동과 아동이 아닌 사람들 사이에는 현격한 크기의 차이가 분명히 있다. 아동은 일반적으로 유아보다 크지만 청소년이나 성인보다는 작다. 이 견해는 처음에 생각했던 것만큼 무해한 것은 아니다. 그것은, 아동들은 대부분의 나머지 사람들과는 달리 '거인들'로 둘러싸여 있으며, 이 거인들 중 일부는 허리를 숙여서 아동들과 대화를 하거나, 혹은 아동들과 수준을 맞추기 위해서 심지어 마루에 앉기도 하지만, 대부분의 거인들은 오만한 우월적 지위를 만족스럽게 즐기고 있음을 의미한다.

아동들 주위에 만들어진 세계는 이들의 크기에 적절하지 않다. 아동들은 팔을 뻗쳐서 전등 스위치를 만질 수 없으며, 문 두드리는 쇠(또는 쿠키 통!)는 말할 것도 없고 문손잡이를 잡기도 힘들다. 이것이 아동들에게 주는 메시지는 분명하다. "너는 (아직) 사회의 정회원이 아니다."

게다가 아이의 크기는 계속 변한다. 실제로 어른이 아동들에 대해 말할 때 공통적 주제가 크기에 관한 것이다. 아이가 꼼지락댈 때 어른은 "아이고, 어떻게 이렇게 컸니?" 하고 말한다. 이런 면에서 아동은 어른과 아주 다르다. 어른은 체중이 늘거나 임신을 하거나 머리가 세거나 주름이 생기고 특히 남자는 머리가 빠질 수 있다. 그러나 어른의 경우 이런 말을 듣는 것은 일반적으로 괜찮은 일이며 때론 심지어 좋은 일이기도 하다. 대조적으로 아동은 항상 과도기에 있는데, 특히 크기와 관련돼서 그렇다. 그들은 자랄 필요가 있다. 자연스러운 일이지만, 올해 입은 바지는 곧 작게 될 것이고 작년에 신었던 신을 신기엔 발이 너무 커질 것이다.

엉뚱한 아이의 이야기인 《줄어드는 아이 트리혼*The Shrinking of Treehorn*》에서 주인공 트리혼은 자라는 대신 줄어들기 시작한다.[3] 트리혼의 부모와 교사들은 트리혼이 무언가 잘못을 저지르고 있다는 분명한 메시지를 그에게 보낸다. 그는 정상 아동들이 자라는 것만큼 자라지 못하고 있다.

또래보다 빠르게 자라거나 혹은 느리게 자라는 아동들은 무언가 잘못되고 있다고 느끼는 일이 많으며, 심지어 자신이 무언가 나쁜 일을 하고 있다고 느끼기도 한다. 아동의 크기는 변화 중에 있을 뿐 아니라, 변화에는 정상적인 속도가 있다.

즉 여기까지 논의에서, 아동은 유아보다는 크지만 청소년보다는 작은, 자라는 작은 인간이다. 이것이 전부인가? 우리는 아동기에 대한 우리의 이론을 어떻게 더 흥미롭고 더 복잡하게 만들 것인가?

우리는 그저 확대가 아닌 발달을 설명할 필요가 있다. 특히 인지적, 정서적, 사회적 발달을 설명할 필요가 있다.

17세기 철학자들은 우리가 성인으로서 가지고 있는 가장 중요한 관념들이 선천적인지 아니면 유아기 이후 우리가 가졌던 경험으로부터 나오는지에 대해 논쟁을 벌였다. 르네 데카르트 같은 합리주의자들은 선천론자였고, 존 로크 같은 후천론자들은 경험론자였다. 다음은 데카르트가 모친의 자궁에 있는 태아의 사고에 대해 추측한 글이다.

이것은 내가 유아의 마음이 어머니의 자궁 속에서 형이상학에 대해 사유한다고 믿는다는 의미는 아니다. … 유아의 몸에 새로 결합된 정신은 고통, 쾌락, 열, 차가움 그리고 육체와의 결합과 혼합에서 발생하는 유사한 관념들을 지각하고 느끼는 데 완전히 지배된다고 보는 것이 가장 합리적인 듯이 보인다. 그럼에도 불구하고 유아의 정신은 신에 대한 관념, 자신에 대한 관념 및 자명한 진리라 불리는 것들을 자기 속에 가지고 있다. 성인들이 그러한 관념들에 주목하지 않을 때 가지는 것과 똑같은 방식으로 말이다. 유아는 나이가 들면서 이 관념들을 나중에 습득하는 것이 아니다.[4]

다음은 경험론자의 관점에 선 로크의 글이다.

마음이 아무런 관념도 없고 아무런 글자도 없는 백지라고 가정하자. 그것은 어떻게 채워지는가? 인간의 복잡하고 무한한 상상력이 그 위에 거의 끝없을 정도로 다양하게 그림을 그리는 거대한 저장고는 어디로부터 오는가? 이성과 지식의 모든 **재료**들은 어디로부터 나오는가? 이에 대해 나는 한 단어로 답한다. '**경험**'으로부터.[5]

선천론과 경험론 사이의 논쟁은 지금까지 계속됐다. 비록 관련 용어와 내용은 다소 바뀌었지만 말이다. 오늘날 주도적인 경험론자들은 행동주의자들이고, 가장 유명한 행동주의자는 스키너B. F. Skinner이다. 행동주의자는 마음의 내용에 대한 모든 관심을 포기하겠다고 맹세한 점에서 로크와 다르다. 이들은 마음을 경험이 그 위에 '쓰는' 일종의 '백지'로 보기보다는 일종의 '블랙박스'로 본다. 행동주의자에 의하면 경험이 인간과 동물의 유기체에 '쓰는' 방식은 조작적 조건화operant conditioning를 통해서이다. 또는 다른 비유로는 "조작적 조건화는 마치 조각가가 점토 덩어리를 어떤 형태로 만들듯이 행동의 형태를 만든다."[6]

우리 시대의 가장 저명한 선천론자는 언어학자 놈 촘스키Noam Chom-sky이다. 그는 우리 모두 보편 문법의 구조가 '내장된wired in' 상태로 태어난다고 가정한다. 촘스키의 접근 방식의 특징은 그가 '플라톤의 문제'라고 부른 것에 관해 말한 것에 주목함으로써 이해할 수 있다. 플라톤의 문제란 주어진 증거가 제한된 상태에서 우리가 어떻게 지금처럼 많이 알고 있는지를 설명하려는 문제다. 촘스키는 다음과 같이 말한다.

언어 연구가 가진 흥미로운 점 대부분은 그것이 한 영역에서 플라톤의 문제에 대해 하나의 접근법을 제공한다는 사실에 있다고 생각한다. 이 영역이란 검사와 탐구를 위해 비교적 잘 제한됐으면서도 개방적이며, 동시에 인간 생활과 사유에 깊이 통합된 영역이다. 만일 우리가 이 특수한 인지 체계의 구조 안으로 들어가는 원리들, 언어 기능의 원리들에 관해 무언가를 발견할 수 있다면, 우리는 플라톤의 문제에 대한 최소한 하나의 특별하고 매우 중요한 사례에 대한 해결에서 진전을 거둘 수 있다. 그다음에 우리는 이 원리들이 다른 경우에도 일반화될 수 있는지를 물을 수 있다. … 나 자신은 이 원리들이 … 결정적인 면에서 언어 기능에 특수한 것이지만, 실제로 다른 경우에도 시사하는 바가 있을 수 있다고 믿는다.[7]

촘스키처럼 대부분의 기본적인 인지 구조는 개별 인간의 발달 동안 진화하지 않는다고 생각하는 사람들에 대해 '선천론자'라는 용어를 쓰기로 하자. 물론 이 구조는 **그저 잠재적으로만** 있을 수도 있고 **명백히 드러나게** 될 수도 있다. 이제 우리는 선천론자와 반복론자 사이를 꽤 분명하게 구분할 수 있다. 반복론자에게 이 구조 자체는 수중화Japanese flowers(물에 넣으면 피는 종이로 만든 꽃 ─옮긴이)와 같다. 이 꽃은 아동기 동안 피어난다. 게다가 인류가 역사상 진화하고 발달했던 방식을 반복하며 피어난다.

아동기에 대한 경험론자, 선천론자, 아니면 반복론자 사이에 어떤 차이가 있는가? 먼저 우리는 오늘날 어느 누구도 발달심리학자, 인류학자, 언어학자, 그리고 교육이론가 모두의 존경을 받는 전적으로 적절한 아동기 이론을 제시할 입장에 있지 못하다는 것을 인정해야 한다. 대신 우리에게 있는 것은 연구를 좀 더 제한된 방식으로 지도해주며 자료 해석을 도와주는 이론적 모델이다. 이 모델 중 일부는 선천론자, 경험론자, 반복론자의 범주 안에 깨끗하게 들어간다. 다른 것들은 하나 이상의 범주에 들어가거나, 한 방향의 측면들을 다른 것과 결합한다. 가령 성 이론이나 인간의 성격 이론이 그렇다. 그래서 예를 들면 피아제는 내가 언급했던 3개의 모델을 모두 결합하려 시도하며[8] 프로이트는 반복론의 모델과 그 자신의 인간 성생활 이론을 결합한다.[9]

이론적 모델들은 그것이 없었으면 갖지 못했을 여러 연결 관계들을 넌지시 보여준다. 그러나 우리가 가진 대안 모델들이 각각 자신의 방식대로 쓸모가 있고 어떤 모델도 다른 모델보다 분명히 우월하지 않은 한, 우리는 해당 모델이 우리의 이해를 어떻게 돕는지뿐 아니라 그 모델이 우리로 하여금 무엇을 간과하도록 혹은 오해하도록 조장하는지도 살펴봐야 한다.

우리가 처음으로 다루었던 반복 모델부터 생각해보자. 반복 모델에 호소하여 스폭 박사는 아기가 "인류의 전체 역사를 육체적으로나 정신적으로나 한 걸음씩 되짚어가고" 있다고 생각함으로써 우리로 하여금 아기들이 성장하고 발달하는 방식에 매혹되도록 부추긴다.

반복 모델은 부모뿐 아니라 과학 연구자들에게도 아이디어를 떠올리게 하며 도움이 될 수 있다. 엘리자베스 베이츠Elizabeth Bates는 그녀의 논문 〈상징의 출현: 개체 발생과 계통 발생The Emergence of Symbols: Ontogeny and Phylogeny〉에서 어떤 언어의 '구성 요소(모방, 도구 사용, 대상에 대한 언급을 공유하려는 사회적 동기)'가 어떻게 개체 발생에서 분리돼서 진화했을지, 그리고 어떻게 언어를 습득하기 바로 전의 유아 발달이 진화의 순서를 반복하는 것으로 생각될 수 있는지를 설명하고 있다.[10]

대조적으로, 아기들은 생후 6개월이 되기도 전에 주변에서 듣는 언어의 기본적 소리를 구분하는 법을 배운다는 사실을 보여주는 최근 연구의 배후에는 경험 모델이 있다. 이 연구에 따르면 주위에서 영어를 규칙적으로 들은 아기들은 6개월 때 'la'와 'ra' 발음을 구분할 수 있는 반면, 영어 대신에 일본어를 들은 아기들은 그럴 수 없다.[11]

선천적 모델은 다른 연구들에서 유익한 성과를 거두었다. 〈유아의 언어 습득의 인지적 기초Cognitive Basis of Language Learning in Infants〉라는 논문에서 존 맥나마라John Macnamara는 "유아는 먼저 언어와는 독립적으로 화자가 자신에게 전하려고 하는 의미를 결정한 다음, 자신이 들었던 소리와 의미 사이의 관계를 알아냄으로써 언어를 배운다"라는 증거를 제시했다. 이렇게 할 수 있으려면, 유아는 이미 신경계 안에 정신 언어가 내장되어 있어야 한다고 맥나마라는 가정했다. 그는 영어이건 노르웨이어이건 중국어이건 획득된 자연언어로 표현되는 것은 바로 이 선천적인 '멘털리스mentalese'(자연언어와 독립적인 추상언어 ─옮긴이)라고 생각한다.[12]

이론적 안내에 관한 것보다 내가 훨씬 더 강조하고 싶은 또 다른 교훈이 있다. 아동들은 연구의 대상일 뿐 아니라, 우리와 함께 칸트가 '목적의 왕국'이라고 부른 것의 구성원들이라는 점이다. 아동에게 호기심을 갖는 것은 좋은 일이며, 그들의 교육과 복지에 충분히 책임감을 느껴야 하지만, 무엇보다도 우리는 그들을 존중해야 한다. 아동을 이해하기 위한 우리의 이론적 모델이 그들을 비인간적으로 만들고, 부적절하게도 아동에 대해 우월적인 태도를 조장하는 지점이 바로 여기다.

칼 구스타프 융의 반복론자적 입장을 고려해보자. "그렇지만 아동은 과거의 상태이다. … 아동은 전-합리적이며, 무엇보다도 전-과학적인 세계, 우리 전에 존재했던 사람들의 세계에서 산다."[13] 여기서 우려할 점은 아동은 전-합리적, 전-과학적인 세계에서 산다는 주장이다. 이 주장은 아주 조심해서 다루어져야 한다. 아동의 생각이 주어진 맥락에서 당신이나 나의 생각보다 아주 다를 수 있다고 경고하는 것은 분명히 좋은 일이지만, 아동이 전-과학적이며 심지어 전-합리적 세계에서 산다고 주장하는 것은 거만하고 부적절하게 우월적인 태도를 보이는 것이다.

우선 첫째로 어린아이는 대부분의 어른들보다 현대의 과학적 세계에 관해 더 잘 이해할 수 있는 것이 있다. 컴퓨터나 비디오게임을 예로 들어보자. 이웃에 사는 아이들이 우리 집에 놀러 올 때, 이들은 가끔 소형 비디오게임기를 가지고 온다. 이들은 작은 손가락으로 자판의 키를 민첩하고 효과적으로 누르면서 무슨 일이 벌어지는지를 내게 설명하려고 애쓴다. 하지만 나는 그들의 말을 보통 이해하지 못한다. 나는 나야말로 확실히 전-비디오게임 세계라는 전-과학적 세계에 속한 사람이라고 느낀다!

아동들이 전-과학적 세계에 산다는 생각과 관련해서, 아동의 반응이 가끔 얼마나 당황스러울 정도로 비합리적인지를 극적인 방법으로 보여준 사람은 아마 어느 누구보다도 피아제일 것이다(우리는 이 주제를 4장에서 더 다룰 것이다). 그러나 때로 아동은 또한 놀라울 정도로 합리적이며 심지어 지혜롭기까지 하다. 다음 사례를 고려해보라.

몇 년 전 내가 강의를 마친 후 젊은 엄마가 와서 임종을 맞던 할아버지를 문병하기 위해 네 살짜리 아들을 데려갔던 일에 대해 이야기를 했다. 그 아이는 할아버지의 상태가 나쁘다는 것을 알 수 있었다(일주일 후에 사망하셨다). 집에 오는 길에 아이는 엄마에게 "사람들이 아파서 할아버지처럼 죽으려고 하면, 누가 총으로 쏘아주나요?" 하고 물었다. 엄마는 충격을 받아서 "아니야"라고 응답했다. "경찰은 그런 일을 좋아하지 않을 거야."(여기서 엄마의 응답은 로런스 콜버그Lawrence Kohlberg가 도덕 발달의 전-도덕 단계라고 했던 것과 유사하다. 5장 참고.)

그 아이는 좀 더 생각하더니 이렇게 말했다. "아마 약으로 그 일을 할 수도 있을 거예요."

이 네 살짜리 아이는 굉장히 아프거나 불구가 된 애완동물이나 가축을 총으로 쏴서 '고통에서 벗어나게 해준' 얘기를 보거나 들어본 적이 있었을 것이다. 할아버지라고 왜 안 되겠는가? 유비는 적절하다. 부분적으로 이 점 때문에 의사는 심한 고통을 겪으며 죽어가는 환자에게 치사량의 약물을 처방한다. 부분적으로 이 때문에 우리 대부분은 특정한 환경에선 안락사가 윤리적으로 수용 가능하며 심지어 윤리적 의무일 수도 있다는 데 동의한다.

원칙적으로 안락사에 대한 논의는 끝없이 복잡해질 수 있다. 우리는 확실히 이 네 살짜리 아이에겐 설명할 수 없는 도덕 이론과 도덕원리를 들먹일 수 있다. 그렇지만 우리 문화에서 일어나는 대부분의 안락사 실례들은 그 어린아이에게도 완전하게 이해 가능한 용어로 사유되고 이해될 수 있지 않을까 하는 생각이 든다. 내가 옳다면, 이 아이의 사례는 아동은 전-합리적 세계에 살아야 한다는 반복론자들의 생각에 반대되는 증거로서 간주된다.

물론 그 엄마가 아이와 안락사에 대하여 토론하고 싶지 않은 데에는 충분한 이유가 있을지 모른다. 그러나 '아이가 이해하지 못할 테니까'는 이유가 되지 못한다. 배려심이 많은 의사가 죽어가는 환자에게 치사량의 약물을 처방하거나, 배려심이 많은 환자의 딸이 의사의 행위에 동의하는 이유를 네 살짜리 아이는 절대 이해할 수 없다고 가정하는 한, 반복 모델은 콜버그가 '처벌과 순종 지향'이라고 부른 것을 야기해서 사랑하는 이가 죽어갈 때 직면하는 윤리적 쟁점들에 대한 토론을 모두 중단시켜버리는 나쁜 근거가 된다.

우리의 연구를 자극하고 아동을 이해하려는 우리의 시도에 도전하기 위해 아동기 이론들이 제시하는 발달의 모델들은 많은 유용한 기능을 가지고 있을 수 있다. 그러나 우리는 그 모델들이 아이들을 희화하지 않도록 해야 하며 우리와 같은 인간으로 인정하는 것을 방해하지 못하도록 해야 한다.

....

피아제와
철학

장 피아제는 아주 특별한 종류의 천재적 재능을 가졌다. 그는 다음 세 가지 중요한 특징을 가진 실험들을 고안해냈다.

첫째, 그 실험들은 **시선을 사로잡는** 결과를 보여주었다. 그 실험 결과들은 실험에 참여한 어린이들이 우리를 놀라게 하는 방식으로 반응하고 있다는 것을 보여준다. 이들의 반응이 **우리가** 반응을 보이는 방식과는 아주 다르기 때문이다.

두 개의 점토로 만든 공이 있다. 한 아이가 이것들이 같은 양의 점토라는 데 동의한 상태에서, 공들을 납작하게 만드는데 하나는 아주 납작하게 만들고 다른 하나는 최소한도로 조금만 납작하게 만든다. 다음으로 실험자는 조심스럽게 "이것들은 여전히 똑같니?" 하고 물어본다. 어린이는 "아니요"라고 상냥하게 말한 다음 두터운 것을 가리면서 "저것이 더 무거워요"라고 덧붙인다.

우리는 이런 결과에 놀라서 흥미를 느끼게 된다. 둘째, 이 실험은 재

현 가능하다. 보존과 관련된 이런 피아제의 가장 유명한 실험들은 실제로 아주 쉽게 반복할 수 있다. 복잡한 실험을 할 필요는 없다. '적당한 어린이들'을 선택할 필요도 없다. 어떠한 어린이든 대부분 대상이 될 수 있다. 단지 피아제가 물었던 질문 그대로 **정확하게** 아동에게 물을 필요가 있다. 최소한 실험자의 모국어로 할 수 있는 한 가장 유사하게 물을 필요가 있다. 하지만 결과를 기록하기 위한 복잡한 점수 기록은 필요 없다. 진행 상황을 관찰하기 위한 별도의 훈련 과정 같은 것도 전혀 필요하지 않다.

셋째, 이 실험들은 **연령적 계열성**을 보여준다. 어린이들의 연령은 중요한 변수다. 일반적으로 같은 어린이를 이삼 년 후에 데리고 오면 ― 시간이 이삼 년 동안 똑딱거리며 지나간 한, 그동안 무슨 일이 일어났는지는 거의 상관없다 ― 그 어린이들은 다르게 행동할 것이다. 피아제 이론에서 약간의 도움만 받으면, 우리는 이 실험들로부터 이 어린이들이 **다른 단계**에 있다는 것을 알 수 있다.

오직 일류의 천재만이 이 세 특징을 전부 혹은 거의 전부 가진 실험을 고안할 수 있을 것이다. 다른 것의 도움 없이 이 세 개의 특징들만 가지고는, 우리가 피아제의 이론을 납득하기는 쉽지 않다. 아마 다음처럼 말하는 게 더 좋을 것이다. 피아제의 실험들에 있는 이러한 아주 일반적인 특징들은 대부분의 사람들에게 피아제의 인지 발달론의 대체적인 아이디어를 납득시키기에 충분하다. 그 이론의 상세한 내용이 어떨지에 대해서는 실제로 거의 밝혀지지 않은 상태에서 말이다. 어떻게 해서 이런지 살펴보자.

첫째, 이 실험 결과들이 눈길을 끈다는 사실 때문에 우리는 아이들을 매우 잘 알고 있음에도 불구하고 실제로는 그들을 전혀 모르고 있다고 쉽게 확신해버린다. 그 사실은 우리로 하여금 아이들이 중요한 점에서 우리에게 낯선 존재라고 확신하게 만든다. 우리는 아이들과 종일 함께 있는 것도 그들을 알기에는 충분치 않으며, 아이들에 관한 **이론**이 필요하다고 쉽게 결론 내린다. 전문가와 이론가 들이 우리 부모와 교사 들에게 아이들이 실제로 어떤 존재인지를 말해줄 필요가 있다고 생각한다. 시선을 사로잡는 피아제의 실험들은 이런 메시지를 뼈저리게 느끼게 한다.

2장에서 '4학년생들의 사고는 어떤 것인지'에 대해 내게 질문한 4학년 교사는 이런 메시지를 받아들였음에 틀림없다. 그는 4학년 교사였고 **나**는 대학 교수였다. 그는 하루 종일 4학년생들과 지냈고 나는 그러지 않았다. 하지만 그는 자신이 종일 함께 보내는 그 아이들이 어떤 존재인지를 혹은 어쨌든 그들의 사고가 어떤 것인지를 **내**가 말해주기를 바랐다. 아마도 그는 교사 훈련을 받을 때 어딘가에서 피아제의 매력적인 실험을 배웠고 영향을 받았을 것이다. 아마도 그 이유 때문에 그는 자신이 매일 보는 아이들의 사고 과정이 그들과 정기적으로 함께하며 가지게 된 견해와는 실제로 매우 다르다는 것을 이른바 전문가에게 들으려는 개방된 태도를 가지게 됐다.

둘째, 이 실험들이 재현 가능하다는 사실은, 가까이에 과학이 놓여 있다는 생각을 아주 그럴듯하게 만든다. 이 실험들이 확증하는 과학적 이론이, 즉 자연과학 분야의 학자들이 매일 수행하는 유사하게 재현 가능한 물리학, 화학 실험들에 의해 검증되는 이론들과 동등한 수준의 과학적 이론이 반드시 존재하는 것처럼 보인다.

셋째, 이 실험 결과들이 연령적 계열성을 보인다는 사실은 인지 발달이 우리에게 익숙한 생물학적 성숙 과정과 아주 유사한 **성숙**의 과정이라는 결론을 사실상 거부할 수 없도록 만든다. 우리는 갓 태어난 아기에게 걸음마를 가르치는 것이 소용없는 일이라는 것을 안다. 아기의 뼈, 근육, 신경 조직이 먼저 성숙해져야 한다. 마찬가지로 피아제의 실험들로부터 아이들에게 '연령에 적절한' 것이 아닌 것을 가르치려는 시도는 소용없는 일이라고 결론을 내리는 것은 매우 자연스러운 일이다. 성숙하기 위해서는 정신적 뼈와 심리적 근육이 필요한 것이다.

이 장에선 피아제의 실험이나, 피아제가 자신의 실험을 지지한다고 간주하는 이론들의 구체적인 내용에 관해서는 다루지 않을 것이다. 나는 이러한 피아제의 일반적 특성화를 1장에서 자연스럽게 제기하는 문제, 즉 '아이들에게 철학을 하라고 **장려하는** 것이 가치 있는 일인가?'라는 문제와 연결시키고 싶다. 피아제의 질문에 대해 아이들은 흥미롭게도 연령에 따라 응답이 달라졌는데, 이러한 연령적 계열성으로부터 제기되는 성숙이라는 요소에 대해 먼저 살펴보자. 이 문제는 자연스럽게 우리에게 철학을 하는 것이 인지적으로 **성숙한** 행동인지 아니면 인지적으로 **미성숙한** 행동인지를 묻게 만든다. 만일 그것이 성숙한 행동이라면, 우리는 인지적으로 성숙하지 않은 사람이 철학에 자연스럽게 참여하리라고 기대해선 안 된다. 특히 우리는 철학을 하는 것이 아동기의 자연스러운 활동이 되리라고 기대해선 안 된다. 1장에 나온 것과 같은 반대 증거 혹은 반대 증거로 보이는 것들은 아주 의심스러운 것으로 여겨야 할 것이다. 일견 이러한 반대 증거는 (1) 자료를 과잉 해석하는 것, 즉 어린아이의 말에 철학적 의미를 부여하는 것이거나 (2) 진정한 철학에 대한 불충분한 이해로 인해 겉으로만 철학적으로 보이는 언급과 질문 들을 진정한 것으로 오해한 데서 비롯된 것으로 간주되어야 할 것이다.

만일 철학이 인지적으로 성숙한 활동이라면, 아동에게 철학을 하라고 장려하는 것은 갓난아기에게 걸음마를 시키는 것만큼 무의미한 일이며 아마도 아이에게 해가 되는 일일 것이다. 철학을 하는 것은 아동들의 '연령에 적절한' 활동이 아닐 것이며, 특히 아이가 어릴수록 더욱 그러할 것이다.

철학을 하는 것이 인지적으로 성숙한 활동이라는 가정에 대해선 이쯤 하기로 하자. 반대로 철학이 인지적으로 미성숙한 활동이라고 가정해보자. 이 경우 우리는 아동들이 철학에 자연스럽게 참여하는 모습을 보이리라 확실히 기대할 수 있다. 하지만 이 경우에 아동들을 철학에 참여하도록 **장려하는** 것은 무의미한 일일 것이다. 왜냐하면 철학은 단지 정상적인 아동들이 성장하면서 거치는 일상 활동일 뿐이기 때문이다(나 같은 전문 철학자들은 중요한 면에서 결코 성장하지 못한 어린이라 할 수 있을 것이다).

둘 가운데 어느 것도 어린이와 철학에 관해 우리가 아는 것과는 맞지 않는다. 철학이 인지적으로 성숙한 활동이고 따라서 철학은 아마도 아이들한테 자연스럽게 발견되거나 적절하게 장려될 것은 아니라고 가정해보자. 나는 《철학과 아동》에서 일부 아동들은 아주 자연스럽게 전문 철학자들이 철학적이라고 인정할 만한 논평을 하고 질문을 던지며 심지어 추론도 한다는 증거를 제시한 바 있다. 이 책에서 여섯 살 먹은 이언Ian은 부모의 친구들이 집에 데려온 세 명의 불편한 아이들이 TV를 독점해서 자신이 가장 좋아하는 프로그램을 보지 못하게 하자, "왜 한 사람이 이기적인 것보다 세 사람이 이기적인 것이 더 좋지요?"라고 도발적으로 물었다. 이언은 이 특수한 수적 우세 사례에 대한 공리주의적 정당화, 즉 '단 한 사람보다는 세 사람을 **행복하게** 만드는 게 낫다'라는 원칙을 솜씨 좋게 뒤집어버린다.

이언의 질문은 비록 분노와 좌절에서 나왔지만 철학적으로 예리한 것이다. 그것은 원생-철학적proto-philosophical이거나 사이비 철학적, 혹은 절반만 철학적인 것이 아니라 진정 철학적인 질문으로서, 전문 철학자들이 세미나, 콘퍼런스, 비공식 토론에서 하는 것과 똑같은 종류의 연구이자 질문이다(철학자들 역시 어떤 경우에는 지혜에 대한 순수한 사랑보다는 분노와 좌절 혹은 일자리를 얻어야 할 필요성 때문에 이런 활동을 한다).

또한 나는 《어린이를 위한 철학이야기》에서 8세에서 12세 사이에 있는 아동들이 철학을 그만두도록 사회화가 된 후조차도, 약간이라도 창의적으로 철학을 제시했을 때 아동이 철학에 참여할 기회에 대해 훌륭하게 반응한다는 증거를 제시한 바 있다. 매슈 리프먼과 그의 동료들이 개발한 아동철학프로그램Philosophy for Children Program의 주목할 만한 성공은 똑같은 결과를 뒷받침하는 훨씬 실제적인 증거가 된다.

철학이 인지적으로 미성숙한 활동이라는 가정은, 간단히 말해 현실과 맞지 않는다. 철학에 고유한 순진한 무엇이 있다는 것은 맞는 말이다. 하지만 그것은 심오한 순진함이지 인지적으로 미성숙한 종류의 순진함은 아니다. 1장에 나왔던 크리스틴의 일화를 보자. 첫 단계에서 네 살짜리 크리스틴은 '세계는 모두 색으로 만들어졌다'라는 가설을 제안했다. 두 번째 단계에서 다섯 살이 된 크리스틴은 문자에 대한 고마움을 표현했다. "왜냐하면 글자가 없다면 소리도 없을 테니까요. 만일 소리가 없다면 말도 없을 거예요…. 말이 없다면 우리는 생각할 수 없어요…. 그리고 우리가 생각할 수 없다면 세상도 없을 거예요." 만일 이것이 미성숙함이라면, 성숙이 뭐가 그렇게 대단한 것일까?

철학을 하는 것이 인지적으로 성숙한지 아니면 미성숙한지를 묻는 것으로부터 제기된 이 곤란한 딜레마에서 탈출하는 한 가지 방법은 어떤 경우에는 전자이고 어떤 경우에는 후자라고 말하는 것이다. 피아제 자신은 아동이 인지 발달 과정에서 서양철학의 역사를 반복한다는 점을 자주 제안하고 있다. 이 반복주의자의 생각은 내가 지난 장에서 논의했던 스폭 박사의 제안과 같은 유형에 속한다.

이 제안에 따르면 아동은 전-소크라테스적pre-Socratic인 작은 존재로 시작한다.[1] 그리고 연속적으로 플라톤주의자, 아리스토텔레스주의자, 스콜라주의자, 데카르트주의자, 그리고 아마도 영국 경험론자가 된다. 지금 나 자신은 여기에 일반적 발달이라는 주장을 뒷받침하는 증거가 있다고 생각하지 않는다. 하지만 증거가 있다고 해보자. 성숙에 관한 문제는 철학의 역사 자체가 성숙의 과정을 보여준다고 가정하지 않는 한 해결되지 않을 것이다. 확실히 이런 것을 가정할 이유는 충분하지 않다. 내 생각에는 성숙에 대한 어떠한 합리적 기준을 사용하더라도 플라톤이 콰인Quine, 크립키Kripke, 하버마스Habermas, 데리다Derrida만큼 성숙한 사상가였다고 논증하는 것은 아주 쉬운 일일 것이다.

크리스틴의 일화를 다시 보자. 나는 이미 세계는 색으로 만들어졌다는 크리스틴의 생각과 소크라테스 이전 시기 밀레투스학파의 철학자들, 즉 탈레스, 아낙시만드로스, 아낙시메네스 등이 '세계물질world stuff'

에 관해 내세웠던 생각 사이에 적어도 제한적인 유사성이 있다고 주장한 바 있다. 또한 나는 문자가 없으면 세계도 없다는 크리스틴의 숨 막히는 추론과 후기 전-소크라테스 철학자 파르메니데스를 연결시켜보자고 제안한 바 있다. 어쨌든 파르메니데스도 '생각하는 것과 존재하는 것은 같다' 식의 말을 하지 않았는가.

하지만 우리가 파르메니데스가 밀레투스학파의 학자들보다 더 성숙했다고 가정한다 할지라도 "말이 없으면 생각도 없고, 생각이 없으면 세계도 없을 것이다"라고 말할 수 있는 사람보다 철학적으로 더 **성숙해질** 방법은 없다. 이것은 놀라울 정도로 절대적 관념론과 가깝다. 또한 현대의 해체주의와도 가깝다. 크리스틴은 열두 살이나 스무 살 혹은 마흔여덟이 되면 이러한 추론에 반대하거나, 혹은 그것을 아예 잊어버리고 다른 것에 흥미를 느낄 가능성이 높을 것이다. 하지만 만일 크리스틴이 나중에 이런 추론을 하는 경우, 더 **성숙한** 사상가가 됐다고 하는 것이 제대로 된 설명은 아닐 것이다.

피아제의 놀라운 실험들이 시사하는 인지 발달에 관한 이야기에 아동의 철학을 끼워 맞추려는 문제에 좌절해서, 철학은 인지 발달과 전혀 관계가 없다고 주장할 수도 있다. 어쩌면 철학함에 대한 흥미와 철학을 잘하는 능력은 인지심리학자들이 관심을 가진 능력과는 독립적으로 아동기에 생기는 것일 수 있다.

물론 우리는 피아제의 놀라운 실험들이 드러내는 것이 무엇이든지 간에 그것을 '인지 발달'이라는 전문용어로 부를 수 있을 것이다. 그렇다면 내 생각에 철학은 인지 발달에는 다소 지엽적이다. 그렇게 이해된 인지 발달이 무엇으로 밝혀지든지 간에, 즉 그 놀랄 만한 실험들에 대한 최선의 해설이 무엇으로 밝혀지든지 말이다(연령에 따라 달라지는 그 반응들이 대체로 점진적인 사회화의 문제라고 밝혀질 수도 있다. 하지만 여기서 내가 이 문제에 어떤 입장을 취할 필요는 없다).

여기서 하나의 의문이 생긴다. 인지 발달이 이제 단순히 피아제식의 어떤 것으로 간주될 때, 우리는 부모와 교사로서 단순히 인지 발달보다 어린아이들 안에 있는 철학적 사고에 대해 관심을 가져야 할까? 내 생각에 답은 분명히 "그렇다"이다. 그러나 내가 옳건 그르건 간에, 철학은 인지 발달과 별 관계가 없다는 진리가 당연해져 우리는 이로부터 아무 도움도 받지 못하고 있다.

이제 '4학년생들의 사고는 어떤 것인지'에 대한 질문으로 나를 당황하게 했던 4학년 담당 교사 이야기로 돌아가보자. 내 생각에 그는 4학년생에 고유한 인지 발달 **단계**에 관해 내게서 흥미 있고 가치 있는 무언가를 들을 수 있다고 기대했다. 아마도 내가 피아제처럼 놀랄 만한 실험 결과를 이야기하면서, 그 놀랄 만한 결과를 그 자신이 이해할 수 있도록 도와주는 작은 이론을 하나 그에게 제공하리라고 생각했을지도 모른다.

철학자로서 내가 확실히 그런 일을 해줄 수 있다는 인상을 남겼을는지도 모르겠다. 실제로 철학자가 비철학자인 부모나 교사에게 제공할 수 있는 서비스가 있다고는 생각한다. 이것은 최소한 부분적으로는 그 4학년 담당 교사가 나에게 원했던 것과 유사하다.

철학자들은 심오하게 순진한 철학적 질문들을 연구하는 데 인생을 바치고 있기 때문에, 철학자가 아닌 부모와 교사들이 아동기의 순진하게 심오한 질문들 중 일부를 알아보고 이해하는 것을 도와줄 수 있다.

이것은 철학자가 "당신 딸이 정상적이라면 다섯 살에는 외부 세계의 문제에 관심을 가질 것으로 예상된다"라거나 "당신의 아들이 발달론적으로 정상이라면 7세에는 귀납의 문제를 고민할 것으로 예상할 수 있다"라고 말할 수 있다는 얘기는 아니다. 전문 철학자가 할 수 있는 것은 어린아이들 안에 있는 철학적 사고의 예들을 수집하고, 그러한 아동들의 사고를 철학적 전통에 연결시킴으로써 부모와 교사가 아이 안에 있는 철학을 알아보고 이러한 모습이 나타났을 때 이를 존중하며 나아가 이에 참여하고 때때로 장려하도록 도와주는 것이다.

크리스타 볼프Christa Wolf의 소설 《대형 사고*Störfall*》에 나오는 일화를 살펴보자. 소설의 화자인 할머니가 예닐곱 살쯤 되는 외손자에 관해 딸과 전화로 대화를 나누고 있다. 소년의 어머니가 먼저 말한 다음 할머니가 말한다.

"개는 자전거를 타고 하루 종일 밖을 요란스럽게 돌아다녀요…. 아니면 실존의 기본 문제로 여념이 없고요. 예를 들면 오늘은 변기에 앉은 채 문 밖의 아빠에게 '어떻게 해서 저 커다란 화장실 문이 내 작은 눈으로 들어오죠?'하고 묻더군요."

"맙소사, 그래서 어떻게 됐니?" 하고 내가 말했다.

"당연히 애 아빠는 자세한 그림을 그려 설명했어요. 화장실 문, 눈, 눈 안에서 광선이 교차하는 것, 시신경이 뇌에 있는 시각중추로 가는 통로, 그리고 관찰자의 의식 안에 있는 그 작은 상을 화장실 문의 정상적 크기로 확대하는 것은 뇌의 임무라는 것 등을 말이죠."

"그래서 애는 그 설명에 만족했니?"

"엄마도 개를 알잖아요. 걔가 뭐라고 말했는지 아세요? '나의 뇌가 화장실 문을 실제로 올바른 크기로 만든다는 것을 내가 어떻게 확신하죠?' 라는 거예요."

"글쎄" 잠깐 멈춘 후에 내가 말했다. "너는 어떻게 생각하니? 우리가 어떻게 확신할 수 있을까?"

"그만두세요!" 하고 딸이 말했다. "엄마마저 그럴 거예요?"[2]

비록 이것은 소설 속의 일이지만, 분명 실제 사건에 기초를 두고 있을 것이다. 소설에서는 이름이 밝혀지지 않은 이 아이를 칼이라고 부르자.

커다란 화장실 문이 그의 작은 눈을 통해 들어올 수 있는지에 관한 칼의 걱정은 내 아들이 한때 했던 걱정과 약간 비슷하다. 나는 내 아들의 걱정을《철학과 아동》에서 다음과 같이 보고했다.

나는 여덟 살짜리 아들, 존의 침대 이불을 덮어주고 있었다. 그 애는 나를 쳐다보더니, 갑자기 이렇게 말했다. "아빠가 왜 두 개로 안 보이죠? 나는 눈이 두 개고 아빠를 각각의 눈으로 따로 볼 수 있는데 말이에요."

뭐라고 말해야 할까?

우선 나는 그 애가 궁금해하는 걸 내가 확실히 이해한 건지 확인하려고 했다. "너는 귀가 두 개지" 하고 지적했다. "이중으로 **들리지** 않는 게 놀랍니?"

존이 웃음을 지었다. "이중으로 들린다는 게 뭐죠?"

"글쎄, 아마 내-내 음-음성이 아-이처럼 들-들리는 거"라고 내가 말했다.

존은 잠시 생각했다. "하지만 귀는 둘 다 같은 곳을 향할 수 있잖아요."

"두 눈도 모두 같은 곳을 향할 수 있는 건 아닐까?" 하고 내가 제안했다.

존은 진지해져서 생각해보다가 다시 쓴웃음을 지었다. "아빠, 그건 또 다른 문제예요" 하고 항의했다. "나는 아까 그 문제에 대해 생각하고 싶어요."

좋다. 그렇게 생각할 수 있다. "아마도 네가 왼쪽 눈으로 얻는 그림이 오른쪽 눈으로 얻는 그림과 합쳐지기 때문일지도 몰라. 그 둘이 합쳐져 **한 개의** 그림을 만드는 거지."

우리는 두 개의 손가락으로 실험을 했다. 하나는 눈에 가깝게 하고 다른 하나는 멀리 떨어지게 했다. 우리는 한 번은 가까운 손가락에 다음은 먼 손가락에 집중해봤다. 목표는 가까운 손가락에 초점을 맞춤으로써 어떻게 멀리 있는 손가락을 두 개로 볼 수 있는지를 살피는 것이었다, 그리고 반대로도 해봤다. 여기서 배워야 할 교훈은 두 개의 그림이 일반적으로는 하나로 합쳐지지만 항상 그런 것은 아니라는 것이다.

아들은 만족하지 못했다. 존은 이미 학교에서 시각과 망막 상에 관해 배운 것에 근거해서 다양한 방법으로 시각에 관한 복잡한 이론을 생각해봤다는 것이 밝혀졌다. 이 이론에 따르면 한 개의 상이 각 눈을 통해 와서 뒤집혀지고 뒤집혀진 다음 사람 앞에서 투사된다. 우리가 사물을 왜 둘로 보지 않는지 존이 걱정한 것은 놀랄 일이 아니었다.

나는 존의 이론을 단순화하는 몇 가지 방법을 제안했지만, 존은 단순화를 받아들이지 않았다.

"좀 더 생각해봐야겠어요" 하고 존이 말했다. "해결한 후에 다시 아빠에게 말할게요." (8-9)

존의 학교 교사는 칼의 아버지처럼 우리가 망막 상을 가지고 있다는 사실이 우리가 어떻게 보는지를 설명한다고 생각했던 것 같다. 그러나 데카르트와 라이프니츠 그리고 현대의 철학자들이 지적해왔듯이, 우리가 망막 상을 가졌다는 사실에는 그 자체의 문제들이 있다. 존의 물음은 이것이다. 우리는 두 개의 망막 상을 가지고 있지만, 보통 우리는 두 개를 보지 않는다. 왜 그럴까? 한편, 칼의 질문은 다음과 같다. 좋다, 그렇게 실제로는 **아주 작은** 하나의 상을 망막에 투사함으로써 화장실 문처럼 커다란 대상이 눈과 같은 작은 것 안으로 들어올 수 있다. 그러나 뇌는 어떻게 하나의 작은 상을 이용해서 사물들이 실제로 얼마나 큰지를 계산해낼까? 뇌는 실제로 사물의 진짜 크기를 알아내는 걸까?

나는 왜 우리는 사물을 둘로 보지 않는지를 묻는 것이 자연스러운 그런 아동 연령대가 있다고는 생각하지 않는다. 또한 우리가 보는 커다란 사물이 어떻게 우리 눈의 작은 열린 곳을 통해 들어올 수 있는지, 또는 사람의 뇌가 화장실 문을 올바른 크기로 보이게 만드는지 어떻게 확신할 수 있는지를 묻는 아동의 표준 나이가 있다고도 생각하지 않는다. 그러나 많은 어린이들이 시각에 대해 궁금해하고, 진정으로 철학적인 방식으로 그에 관해 골똘히 생각한다.

어쨌든 칼의 질문은 존의 질문과 마찬가지로 철학으로의 초대이다. 그 질문에 귀 기울이지 않거나, 그것들이 단순한 정보 요구를 넘어서는 질문임을 이해하지 못하는 부모와 교사는 철학을 할 기회를 놓치는 것이다. 또한 그러한 부모와 교사는 칼과 존 그리고 그들과 같은 아이들에 관한 흥미롭고 중요한 무언가를 얻을 기회를 놓치는 것이다. 피아제의 놀라운 실험들은 우리가 이것을 이해하도록 도와주지 못하며, 심지어 방해하기도 한다.

　내가 주장한 모든 것이 옳다면, 혹은 그 일부만 옳다 하더라도, 참으로 놀라운 피아제의 실험 결과들이 우리의 교육 의제를 지배하거나 우리 아이들의 사유와 성찰 역량을 우리 대신에 규정하지 못하도록 해야 할 것이다.

4

....

피아제와
보존

지금까지 아동기에 대한 나의 태도는 낭만적이라는 비판을 받을 가능성이 분명히 있다. 어쩌면 나는 낭만주의자일지도 모른다. 나는 많은 아이들에게는 자연스러운 것이지만 성인, 특히 내 철학 강의를 듣는 대학생들에게는 종종 매우 어려운 '순진한' 질문을 던지는 방식을 장려한다는 점을 인정한다.

혹자는 피아제가 나보다 아동기에 관해서 훨씬 더 진지하다고 생각할 수 있다. 그는 아동들이 성장하는 것이 얼마나 중요한지를 깨달았다. 그는 정신적으로 성장하기 위해서는 소위 아동기의 '인지적 결핍'을 극복할 필요가 있다는 것을 우리가 제대로 이해하도록 돕고자 했다.

피아제에 관한 나의 비판을 명확하게 하기 위해, 이제 이른바 그 결핍을 없애버린다는 생각에 눈을 돌려 보자. 이 장에서 나는 피아제가 아주 설득력 있게 기록한 인지 발달조차도 첫인상만큼 이론의 여지가 없는 업적은 아니라는 점을 주장할 것이다.

피아제의 레퍼토리 중에서 아마 가장 유명한 실험은 보존 실험일 것이다. 이것은 아동기의 연구에 관한 그의 기여 가운데 핵심적인 것이다. 그것은 어린이들이 '자아중심적 현상론자'라는 자신의 주장에 대한 결정적인 근거(라고 그 스스로 간주하는 것)를 제공한다.

이 장에서 나는 전적으로 피아제와 그의 동료 베르벨 인헬더Bärbel Inhelder가 어린아이들의 '실체', 무게, 부피의 보존에 관해 말한 것만 다루겠다. 나는 이 영역에서 피아제가 한 발견들의 표준적 보고서, 즉 피아제와 인헬더의 《아동의 양의 구성: 보존과 원자론*The Child's Construction of Quantities: Conservation and Atomism*》을 텍스트로 삼겠다.[1]

피아제와 인헬더는 5세에서 13세까지의 아동들이 (ⅰ) 점토로 만든 공의 형태를 바꾸기, (ⅱ) 설탕 녹이기, (ⅲ) 팝콘 낱알 튀기기 실험에 대해 반응한 것을 네 개의 주요 단계로 정리할 수 있다고 보고한다. 그중 셋은 다음처럼 하위 단계를 가진다.

Ⅰ 단계: 7, 8세까지
Ⅱ 단계(A 및 B): 8~10세
Ⅲ 단계(A 및 B): 10~12세
Ⅳ 단계(A 및 B): 12세 이상

점토 공 실험에서 아동들은 처음에 공 모양의 점토를 보다가, 눈앞에서 공이 납작해지거나, 꼬여서 고리처럼 되거나, 여러 조각으로 나뉘는 것을 본다. 그러고는 아동들은 이 새롭게 변형되거나 다져진 상태가 된 점토에 관해 질문을 받는다. (1) 전과 같은 만큼의 점토가 있는가? (2) 점토의 무게는 전과 같은가? (3) 점토는 전과 같은 양만큼 물을 대체하는가(즉 비커에 점토를 담갔을 때, 물이 전과 같은 높이로 올라가는가)?

I 단계 아동들은 세 질문에 대해 모두 아니라고 답한다. 심지어 변형된 점토의 무게를 저울에 달거나, 금이 그어진 비커에 담가 부피를 잰 다음 그 결과를 보여줘도 아니라고 답한다. II-A 단계에서 아동들은 (1)에 대해선 결정을 못 하고 망설이며, 그러다가 II-B 단계에선 (1)에 대해 그렇다고 답한다. 하지만 (2)와 (3)에 대해선 여전히 아니라고 답한다. 이번에도 역시 '그렇다'란 답에 대한 경험적 증거로 보이는 것이 분명히 있음에도 불구하고 아니라고 답한다. III-A 단계에서 아동들은 (2)에 대해선 망설이고, 그러다 III-B 단계에선 (1)뿐 아니라 (2)에 대해서도 그렇다고 답한다. 하지만 여전히 (3)에 대해선 아니라고 답한다. IV-A 단계에선 (3)에 대해 망설이는 반응을 보이다 드디어 IV-B 단계에서는 세 질문에 대해 모두 그렇다고 답한다.

피아제와 인헬더는 점토 공 실험에 두 세트의 실험을 추가한다. 하나는 설탕 덩어리를 이용했고, 다른 하나는 팝콘 알을 이용했다. II-A 단계 이전의 아동은 전혀 그렇지 않지만, II-B 단계의 아동은 신뢰할 만한 수준에서 설탕 덩어리가 다 녹아도 설탕은 물속에 계속 있다고 가정할 것이다. III-A 단계 이전의 아동은 전혀 그렇지 않지만, III-B 단계에선 신뢰할 만한 수준에서 아동들은 용액의 무게는 설탕이 다 녹은 후에도 전과 같을 것이라고 가정할 것이다. 그리고 IV-A 단계 이전의 아동은 그렇지 않지만, IV-B 단계에선 신뢰할 만한 수준에서 아동들은 비커의 수위로 표시되는 부피가 용해 후에도 같을 것이라고 가정할 것이다.

팝콘 알로 하는 실험은 IV-B 단계의 반응을 제외하곤 유사하다. IV
-B 단계에서 아동은 매우 복잡한 것, 즉 튀긴 팝콘 알을 구성하는 단위
들(원자들)의 부피의 합은 튀기기 전의 낱알을 구성했던 단위들(원자들)
의 부피의 합과 같다고 가정할 것이라고 피아제와 인헬더는 보고한다.
피아제와 인헬더는 아이들이 심지어 튀긴 이후 알갱이의 총 부피가 이
전보다 훨씬 크다는 것을 분명히 깨닫더라도 이렇게 가정할 것이라고
보고했다.

이런 결과를 해석하면서 피아제와 인헬더는 다음과 같이 평한다.

고체의 불변성은 감각 운동기(태어난 첫해의 끝 무렵에 시작된다) 동안
획득되는 반면, 물질, 무게, 부피의 보존은 발달의 다음 단계까지 형성되
지 않는다. (3)

첫 번째 단계는 실체, 무게, 부피의 보존을 파악하는 데 완전히 실패함을
보여준다. 심지어 모양을 아주 조금만 변형시켰을 때도 그렇다. (5)

II 단계에서는 실체의 보존 개념이 발견되지만, 아직 무게와 부피의 보존
은 발견되지 않는다. (9)

III-B의 단계는 무게의 보존을 즉각적으로 확인함을 보여준다. 이것은 논
리적 필연성으로 이해된다. (42-43)

피아제와 인헬더가 이 같은 발달 과정 중에 '구성되거나' 발견된다고 말하는 원리는 정확하게 무엇인가? 그들은 전혀 말하지 않는다. 아동들이 발견하려고, 혹은 그들이 말하듯 '구성하려고' 애쓰는 것처럼 보이는 원리들을 피아제와 인헬더가 공식화하려 하지 않는다는 사실은, 그들의 연구 대상인 아동들 및 이 실험에서 쟁점이 되는 위대한 형이상학적이며 과학적인 질문들에 대한 그들의 태도를 잘 보여준다.

부피 보존의 원리를 살펴보자. 부피 보존에 대한 관념은 단순히 고체의 부피는 시간이 경과돼도 변하지 않는다는 게 아니다. 풍선과 팝콘은 이에 대한 명백한 반증 사례들이다. 고체를 구성하는 원자들의 부피의 합이 시간이 경과해도 변하지 않는다는 것인가? 이것도 맞지 않을 것이다. 사람과 나무는 성장하면서 부피가 커지며, 그것들을 구성하는 원자들의 부피의 합도 커진다.

그렇다면 그 생각은 고체가 특정한 종류의 변화를 거치는 동안 실체, 무게, 부피가 보존된다는 것인가? 그러나 이 경우 우리는 고체가 어떤 종류의 변화를 거치는 동안 보존되는지를 알 필요가 있다. 어떤 종류의 변화를 거치는 동안 실체, 무게, 부피가 보존되는지에 대해서는 피아제와 인헬더는 전혀 논의하지 않는다.

아마 피아제와 인헬더가 추구하는 것이 무엇인지를 이해하는 최선의 방법은, 고체나 액체 덩어리에 추가되는 것도 없고 그것으로부터 빼는 것도 없는 경우에 한정시키는 것이다. 이 생각에 따라, 우리는 적절한 보존 원리를 다음과 같이 만들 수 있다(여기서 'CS'는 실체의 보존Conservation of Substance, 'CW'는 무게의 보존Conservation of Weight, 그리고 'CV'는 부피의 보존Conservation of Volume을 가리킨다).

(CS) 어떤 **물질**stuff도 첨가되거나 제거되지 않는 한, 결국 처음과 같은 만큼의 **물질**이 남는다.

(CW) 어떤 물질도 첨가되거나 제거되지 않는 한, 결국 처음 무게와 정확하게 같은 **무게**를 가진 것이 남는다.

(CV) 어떤 물질도 첨가되거나 제거되지 않는 한, 결국 처음 액체 부피와 정확하게 같은 **부피**를 가진 것이 남는다(혹은 처음 그것의 원자들 전체 부피와 정확하게 같은 부피를 가진 것이 남는다).

이 원리들은 실제로 매우 멋진 원리들이지만, 내가 그것들을 받아들인다는 뜻은 아니다(이에 대해선 뒤에 더 말하겠다). 그러나 만일 피아제와 인헬더가 맞는다면, 나는 과거에 한 번은 받아들인 적이 있다. 어쨌든 이미 말했듯 이것들은 매우 멋진 원리들로서 지적으로 큰 만족감을 준다, 그것들은 자연스런 철학자로서의 어린이에 대해 잘 말해준다.

아동들이 점진적으로 이 원리들을 수용하게 될 때 무슨 일이 일어나는가? 다음은 이에 대한 나 자신의 해석이다.

I 단계에서 아동들은 대상과 덩어리의 양에 관해서 다소 인상주의적인 관념을 가진다. 피아제와 인헬더가 제안하듯이, 아동은 하나의 차원만을 강조하고 다른 것들은 무시하는 것일 수 있다. 그래서 아동은 점토 덩어리가 늘어났을 때 전보다 더 '커졌다'고 판단할 수 있고 이것을 두께는 무시하고 길이에만 근거해서 판단할 수 있다.

II 단계로의 이동은 두 개의 결합된 원리, 즉 (1) 무로부터는 아무것도 생기지 않으며 (2) 아무것도 무 안으로 사라지지 않는다는 원리들을 수용하는 것과 밀접하게 연결된다. (1)과 (2)에, (3) 실체는 실체 아닌 것 (가령 에너지)으로 변형될 수 없다는 가정이 합쳐져서 피아제가 실체의 보존이라고 부른 원리가 만들어진다(CS).

(CW)와 관련해서는, I 단계 및 II 단계 아동이 무게에 관한 가지는 주된 관념은 촉감상 가벼움과 무거움 같은 것으로서, 체계적이지 않은 개념인 것으로 보인다. 물론 이와 다른 생각, 가령 납작해진 점토공은 더 넓은 면적을 밑으로 누르기 때문에 전보다 실제로 더 무겁다는 생각이 있을 수도 있다. 하지만 지배적 관념인 '촉감'에 따른 무게 개념을 사용하여 아동은 점토 공이 납작해진 후 더 가벼워졌으며 팝콘은 튀긴 후 더 가벼워졌다고 자연스럽게 결론 내릴 것이다.

III 단계에서는 아동이 표준적인 계량 절차에 연결된 무게의 개념을 발달시키는 것으로 보인다. 가령 저울의 사용과 연결된 이 새로운 개념을 사용하여 아동은 적절한 분석 수준에서 변형과 용해는 단순히 사물들을 구성하는 단위들의 재조합일 뿐이라고 추론할 것이다. 전체의 무게는 그것을 구성하는 단위들의 무게의 합이기 때문에, 변형이나 용해 어느 것도 총 중량을 바꾸지 못한다.

IV 단계에서 아동들은 3차원적인 부피의 등가 개념을 발달시킨다(이 단계 전까지 아동들은 크기에 대한 인상주의적이고 모호한 개념을 가지고 있었다). 게다가 이 단계에서 아동들은 팝콘을 튀기는 것과 빵의 밀가루 반죽이 부풀어 오르는 것과 같은 변형이 전과 다른 총 부피(피아제와 인헬더가 '전체 부피'라고 부른 것)를 가진 것을 만들어내지만, 여전히 원자적 부피의 합계(피아제와 인헬더가 '미립자의 부피'라고 부른 것)는 동일하게 남을 것이라고 추론한다. 물론 무엇인가가 첨가되거나 제거되지 않는다면 말이다.

내가 보기에 이 이야기에서 가장 주목할 만한 것은 그것이 고전적 원자론(물론 현대의 원자론이 아니라 기원전 5세기에 데모크리토스와 레우키포스가 상술했고 수 세기 후 루크레티우스가 《사물의 본성에 관하여De rerum natura》에서 발표했던 형이상학적 체계)을 거의 반복하게 된다는 점이다. 가령 바로 앞 문단에서 표현된 생각은 루크레티우스의 글의 반복처럼 보인다.

> 다시 말하지만, 왜 우리는 동일한 부피를 가진 것들 중 어떤 것은 다른 것보다 무게가 더 나가는 것을 발견하는가? 만일 납으로 만든 공에 있는 것만큼의 물질이 실로 만든 공에 있다면, 그것만큼 무게가 나가야 하는 것은 당연하다. 왜냐하면 물질의 기능은 모든 것을 밑으로 누르는 것인 반면에 공간의 기능은 무게 없는 상태로 유지하는 것이기 때문이다. 따라서 한 개의 사물이 다른 것만큼 부피가 나가지만 분명히 가볍다면, 그것 안에 더 많은 진공이 있다고 쉽게 판결을 내릴 수 있다. 반면에 더 무거운 대상은 그것 안에 더 많은 물질이 있으며 빈 공간이 더 적다고 쉽게 판결을 내릴 수 있다.[2]

이 위대한 지적 모험의 이야기를 어떻게 평가해야 하는가? 정상적으로 감각이 발달해가는 아동의 인생 속에서 반복되는 것처럼 보이는 이 이야기는 내겐 지적으로 흥분되는 모험 이야기이다. 그리고 사변 형이상학의 자연스러운 연습이기도 하다. 하지만 피아제는 사태를 다르게 본다. 피아제는 아동의 인지 발달은 표준적 성인의 성숙한 능력을 향해 나아가는 성숙의 과정이라는 생각에 사로잡혀, 이 보존 이야기를 아주 작은 아이의 지적 결핍에 대한 단계적 승리로 본다. 이런 발달 과정의 초기에서, 피아제가 이해하는 바에 따르면 아동은 여러 가지 근본적인 방식에서 무능하다. 점차적으로 실체, 무게, 부피의 보존 원리를 수용하게 되는 과정을 피아제는 무능에 대한 점진적인 승리이자 중요한 인지적 결핍의 극복으로 본다.

피아제와 인헬더는 아동들이 (CS), (CW), (CV)를 받아들이게 될 때 극복하는 두 개의 인지적 결핍들에 대해서 특별히 설명한다. 바로 자아중심주의와 현상주의이다. 이에 따라 I 단계 아동에 대해 피아제와 인헬더는 다음과 같이 말한다.

〔물질과 무게〕 모두는 결합된 아동의 자아중심주의와 현상주의가 주체 subject에 부과한 직접적 지각의 관계들이 기능하는 것으로 여겨진다. 〔아동의〕 자아중심주의는 무게를 짓눌려지거나 움직여지는 것의 성질로 환원하며, 물질을 눈에 보이거나 검색되는 것의 성질로 환원한다. … 그다음 현상주의는 이 아동들이 지각된 관계들을 합리적 체계로 재구성하거나 조직화하는 것을 방해함으로써 겉모습appearance을 넘어서 인식하지 못하도록 막는다. (45)

II 단계에서 무게는 여전히 "자아중심주의와 현상주의에 깊이 잠겨 있는" 것으로 주장된다(45). 그리고 III 단계에서 무게에 대한 객관적 개념의 등장은 "자아중심주의와 현상주의에 대한 새로운 승리"로 불린다(46). 그들은 이렇게 말한다. "부피에 대한 현상주의 및 자아중심적 접근은 IV 단계에서 계속 유지되며 … [객관성으로부터 주관성의] 분리는 오직 IV 단계에서만 나타난다."(63)

이 맥락에서 자아중심주의와 현상주의는 무엇인가? 안타깝게도 피아제와 인헬더는 '자아중심주의'와 '현상주의'가 무엇을 의미하는지에 대해 명확하게 설명하지 않는다. 때로 그들은 자아중심주의와 현상주의를 합쳐서 "모든 것은 직접적인 관찰inspection에 의해 나타나는 그대로의 것"이라는 믿음이라고 말한다(75). 그리스의 위대한 소피스트인 프로타고라스의 말이 반복된다. 프로타고라스는 "인간은 만물의 척도이다. 존재하는 것이 무엇인지, 존재하지 않는 것이 무엇이 아닌지 양자 모두의 척도이다"라고 말했던 것으로 알려졌다. 플라톤은 프로타고라스가 "감각의 것은 내겐 그것이 내게 나타나는 대로이며, 너에겐 그것이 너에게 나타나는 대로이다"라고 말한 것으로 해석했다(Theaetetus, 152A). 요점은 점토 공이 '그 자체'로 어떤 것인지와 같은 것은 없다는 것이다. 가령 그것이 그 자체로 가벼운지 혹은 무거운지와 같은 것은 없다는 것이다. 만일 그것이 내겐 무겁게 보이고 당신에겐 가볍게 보인다면 그것으로 끝이다.

피아제의 생각은 초기 단계의 아동들은 겉모습(현상), 즉 사물들이 어떻게 보이는지에 집착하기 때문에 현상주의자라는 것 같다. 이들은 자아중심적인데, 이것은 각 아동이 양에 대한 모든 질문을 '내게' 얼마나 많은 것처럼 보이는가에 관한 질문으로 번역한다는 점에서 그렇다.

II 단계에서 니콜은 다음과 같은 질문을 받는다. (1) 둘둘 말린 점토 공은 그것이 납작했을 때보다 더 무거운가? II 단계의 니콜에게 이 질문은 단지 다음을 의미할 뿐이다. (2) 둘둘 말린 공은 그것이 납작했을 때보다 **너에게** 더 무겁게 **보이는가?** (2)에 대한 정확한 답이 '더 무겁다'라고 하자. 피아제와 인헬더에 따르면, 만일 니콜이 (1)에 대한 답으로 '그렇다'라고 한다면, 그 이유는 니콜이 그 질문을 오직 다음과 같이 이해하기 때문이다. "그 공은 **너에게**(자아중심주의) 더 무거운 것으로 **보이는가**(현상주의)?"

우리 또한 이 실패를 꼬마 니콜 안에 있는 자아중심주의와 현상주의의 결과로서 이해해야 하는가? 니콜이 현상주의에 크게 휘둘린다고 가정하는 것은 이상해 보인다. 결국에는 II 단계에 도달했으므로, 피아제 자신의 발견에 따르면 니콜은 비경험적인 것, 즉 비현상적인 실체 개념을 이미 '구성했다'. 니콜은 만일 점토 공에 추가되고 제거되는 것이 없다면, 겉모습과 전혀 무관하게 여전히 같은 양의 물질이 있다고 강조한다. 현재 그것이 전보다 무겁게 보여도 말이다.

게다가 피아제에 따르면, 이미 II-A 단계에 있는 아동들은 너무 작아서 볼 수 없는 원자들이 존재한다고 빠르게 가정한다. 따라서 이 단계의 어린이가 용해된 설탕에 무슨 일이 있었는지 질문을 받는다면, 어린이는 "그것은 부스러기crump 안에 있어요. 아무도 볼 수 없는 아주 작은 부스러기 안에요" 하고 답한다. "돋보기로도 안 보이니?" 질문자는 알고 싶어서 묻는다. "안 보여요. 그것들은 너무 작아요" 하고 그 아이는 응답한다(83). 거듭 말하지만, 이것은 아동기가 현상주의적이라는 주장과는 거의 어울리지 않는다.

자아중심주의에 대해 말하자면, 극단적인 자아중심주의는 다른 주체 또는 다른 관점이 있다는 것조차 전혀 인정하지 못할 것이다. 아주 어린 영아들은 아직 영속적 대상 개념을 갖지 못한 것처럼 보이는데, 이들에 대한 피아제의 연구는 영아들이 극단적으로 자아중심적임을 입증하는 것으로 생각되었다. 하지만 피아제는 우리가 논의해온 연령대(7세~12세)의 아동들이 극단적으로 자아중심적이라고 가정하지는 않는다. 또한 그와 인헬더가 보고한 실험 결과도 그런 주장을 지지하지 않는다. 우리가 '온건한 자아중심주의'라고 부를 만한 것은 (1) 사물이 다른 주체들에게 어떻게 보이는지(느껴지는지, 나타나는지)에 대한 관심의 결여이거나, (2) 다른 주체에게 또는 다른 관점에서 사물이 어떻게 보이는지(느껴지는지, 나타나는지 등)를 제대로 상상하지 못하는 능력일 것이다.

주목할 것은, 이 실험들에서는 아동들이 성인이나 다른 아이들이 보존 개념 질문에 대해 어떤 답을 할 것으로 예상하는지에 대해서 전혀 주의를 기울이지 않는다는 점이다. 니콜은 학교 친구 자크에겐 둘둘 말린 점토 공이 납작해진 점토 공보다 무겁게 보일 거라고 생각할까? 피아제와 인헬더는 이 점을 묻지 않는다. 그들은 니콜 같은 어린이가 자기 친구에게는 점토가 어떻게 느껴지는지에 대해 관심을 가질지를 알아보려고 하지 않는다.

이상하게도, 피아제와 인헬더가 주의를 기울이는 것은 저울이 받을 '느낌'이다. 피아제와 인헬더는 "무게에 대한 아동들의 자아중심적 접근을 더 분명하게 보여주는 것은 없다. 무게는 인간의 손에 영향을 미치는 것과 정확히 같은 방식으로 저울에 영향을 미치는 양화불가능한 질quality이다"라고 적었다(32). 마치 '아동들이 자아중심적인 이유는 점토가 저울에 어떻게 느껴질지를 제대로 상상하지 못하기 때문이다!'라고 생각하는 것처럼 보인다. 이것은 분명 사태에 대한 잘못된 이해 방식이다.

니콜이 처음에는 점토가 저울에 어떻게 느껴질지를 제대로 상상하지 못하다가 점점 더 저울의 느낌을 잘 고려할 수 있게 된다는 생각은 전혀 그럴듯하지 않다. 오히려 니콜은 대상들에 대한 느낌과 실제의 대상들 사이를 구분하는 법을 배운다. 즉 저울은 대상의 실제 무게가 얼마인지를 판단하는 데 도움을 준다는 것을 배운다.

나의 결론은 이 보존 개념의 발견이 아동들이 점진적으로 자아중심주의와 현상주의를 극복하는 것을 보여준다는 주장은 근거가 없다는 것이다.

자아중심주의와 현상주의에 대한 피아제와 인헬더의 구체적인 주장들을 제쳐놓는다면, 우리는 여전히 아동들이 이런 발달 과정을 거치면서 중요한 인지적 결함들을 극복한다고 말할 수 있을까? 이 질문에 답하기 전에 우리는 (CS), (CW), (CV)의 지위가 차지하는 것이 무엇인지를 물을 필요가 있다. 이것들은 이성적 진리, 즉 철학자들이 선험적*a priori* 진리라고 부르는 것인가? 아니면 과학의 기본 법칙들인가? 만일 둘 다 아니라면, 그것들은 중요한 경험적 진리인가?

사실 이 원리들은 선험적 진리도, 과학의 기본 진리도, 심지어 낮은 단계의 경험적 진리일 수도 없다. 왜냐하면 그것들은 전혀 참이 아니기 때문이다. 그것들은 거짓이다.

피아제와 인헬더가 그들의 논의 전반에 걸쳐 분명하게 말했듯이, 그들이 실체의 보존이라고 부른 것은 **물질**의 보존의 원리이다. 그러나 아이들이 자라서 고등학교 물리학 시간에서 배우듯이, 보존된다고 보장되는 것은 물질이 아니라 질량 또는 에너지이다. 따라서 (CS)는 거짓이다.

(CW)에 대해 말하자면, 오늘날 대부분은 아니지만 많은 아이들은 우주여행 시 '무중력 상태'에 관해 안다. 그렇다면 아이들은 (CW)가 우주여행에선 성립하지 않는다는 것을 안다. 그래서 물리학 강의를 듣기 한참 전에, 아이들은 보편적 원리로서 (CW)가 거짓임을 안다.

마찬가지로 (CV) 또한 결함이 있다. 얼마 전에 나는 《뉴욕 타임스 *New York Times*》에서 반-고무anti-rubber를 발명한 아이오와의 과학자 기사를 읽었다. 기자는(피아제는 언급조차 하지 않은 채) 이렇게 평한다. "첫눈에 볼 때, 그런 재료는 부피 보존의 법칙을 위반한 것처럼 보인다. 비록 그런 법칙은 없지만 말이다. 에너지와 달리, 부피는 물리계 내에서 변동 없이 유지될 필요가 있는 양이 아니다."[3] (CS), (CW), (CV)는 모두 거짓이지만, 그럼에도 불구하고 그것들을 '구성해낸 것'은 상당한 성취이다. 이미 지적했듯이, (CS)는 내겐 특히 만족스러운 원리인 것처럼 보인다. 아동들이 질량은 에너지로 변환될 수 있다는 생각을 독자적으로 획득하지 못한다는 점 때문에, 아동들이 (CS)를 구성해낸 성취가 가려져선 안 된다. 피아제 자신이 (CS)는 관찰을 토대로 하여 만들어지는 않는다는 점을 분명히 한다. 그 실험들이 드러내듯이, 아동들은 무게(저울에 의해 드러나듯이)나 부피(비커의 눈금에 의해 드러나듯이)가 보존된다고 가정하기 훨씬 전에 (CS)를 수용한다.

어떻게든 각 아동은 다음과 같이 생각하도록 지도받는다. "어떤 것도 추가되지 않았고 어떤 것도 제거되지 않았다면 똑같은 양의 물질이 남아 있어야 한다. 지금 그것은 무게, 부피가 달라 모양이 다를 뿐이다."
이것은 합리론적 형이상학의 멋진 연습이다. 세계가 협조해주지 않는
다는 게 밝혀진 셈이다. 세계는 물질을 에너지로 변형하는 것을 허용한
다. 그러나 우리는 납작해진 점토 공이나 용해된 각설탕에 관해 생각하
는 것만으로는 그 사실을 알 수 없다.

그렇다면, 피아제가 보존 실험을 이용해서 도식화한 인지 발달이 진
정한 인지적 결함의 극복을 보여준 것은 아니며, 내가 높이 평가하는
철학적 사고가 단지 일종의 지적인 놀이일 뿐이라는 것도 사실이 아니
다. 우선 한 가지 이유는, 피아제가 홍보하는 성취들은 전혀 진리의 수
용이 아니며, 오히려 지적으로 만족스러운 원리들의 '구성'일 뿐인데,
이 원리들은 모두 거짓임이 밝혀졌기 때문이다. 비록 아동이 단계들을
거쳐서 연속적으로 (CS), (CW), (CV)를 수용하게 되는 것이 인지적 성
숙에 필수적이라 하더라도, 이 발달은 거짓에 대한 진리의 점진적 승리
로 간주될 수 없다.

둘째로, 피아제가 도식화한 발달의 측면들은 사실 꽤 철학적이다. 특
히 (1) 아무것도 무로부터 나오지 않으며 (2) 아무것도 무로 진행하지 않
는다는 원리들로부터 (CS)를 '구성해낸 것'은 멋지게 철학적이다. II 단
계에서 이미 출현하기 시작한 원자론도 마찬가지이다. 피아제 스스로
이 이론은 고대의 데모크리토스와 레우키포스의 철학 이론과 거의 비
슷하다고 적었다. 그것은 현대의 원자론과는 훨씬 덜 유사하다. '원자'(
원래는 '나눌 수 없는 것'을 의미하는 단어)라는 용어를 사용함에도 불구하
고, 현대 원자론은 '궁극적으로' 더 이상 나눌 수 없는 입자가 존재한다

고 가정하기 위해 힘쓰지는 않는다.

아동의 원자론은 각 원자가 정해진 부피를 가지고 있다는 생각을 포함한다. 이 이론에 따르면, 가령 튀긴 팝콘 낱알 안의 원자들의 부피의 합계는 튀기기 전 낱알 안에 있는 원자들의 합과 같다고 가정하는 것이 적어도 의미가 있다. 이와는 대조적으로 현대 원자론에서 원자의 부피 개념은 명확하게 사용되지 않는다.

아동의 원자론은 멋진 지적인 구성물이다. 실제로 그것은 철학적 구성물이다. 우리는 실제 세계에서 (CV)가 거짓이라는 이유로 이 원자론의 지적 아름다움의 가치를 떨어뜨려선 안 된다.

따라서 피아제와 나 사이의 중요한 차이는 이것이다. 피아제는 정상적인 모든 아동들에게서 발견되어야 하고 연령적 계열성을 형성하는 연령에 따른 인지 발달 순서를 추구한 반면, 나는 예컨대 모든 세계는 색으로 만들어졌다는 크리스틴의 가설에도 관심이 있다. 모든 또는 대부분의 아동도 그런 생각을 떠올릴 것이라고 기대되는 연령 같은 것이 없더라도 말이다.

추가할 것이 더 있다. 나 자신은 여전히 왜 단지 특정 연령의 아동뿐만 아니라 우리 가운데 누구든 (CV)를 참이라고 생각할 수 있는지에 대해 심사숙고하고 있다. (CV)가 거짓임이 밝혀졌는데도, 무엇이 그것을 그렇게 그럴듯한 원리로 만드는지에 관해 지금보다 더 분명히 알고 싶다.

17세기에는 모든 물체는 아무리 작더라도 본래적으로 탄력적인지, 또는 가장 작은 물체, 즉 원자는 딱딱하고 통과할 수 없는 것인지에 대한 흥미로운 논쟁이 있었다. 만일 원자가 딱딱하다면, 탄력성은 원자들의 복합물인 물체, 예컨대 고무공의 속성이다. 커다란 물체(가령 고무공)를 구성하는 원자들을 더 밀착하게 하거나 더 느슨하게 모여 있도록 하는 것은 그 커다란 물체의 기능으로 설명될 것이다.

탄력성이 원자를 포함한 모든 물체의 본래적 속성인지 또는 원자들로 구성된 물체의 파생적 속성인지에 관한 논쟁은 (CV)에 결정적이다. 분명히 원자 자체도 탄력적이라면, (CV)는 성립하지 않는다.

나에게 이 논쟁은 매력적이다. 나는 지금보다 더 잘 이해하고 싶다. 이 논쟁의 양측에 설득력을 제공하는 것이 무엇인지 더 잘 이해하고 싶다. 또한 이런 종류의 관심은 나를 피아제와 인헬더로부터 구별되게 한다. 그들이 이런 종류의 논쟁에 한 번쯤 흥미를 느꼈더라도, 그들은 자신들의 흥미를 독자들에게 주의 깊게 숨겨온 셈이다.

5
......

도덕 발달

도덕 발달을 개념의 대체concept displacement로 생각하는 것은 좋은 착상인가? 즉 도덕 발달을 정직, 용기, 정의, 의무 등의 면에서 덜 적절한 개념을 더 좋은 개념으로 교체하고 그다음엔 훨씬 더 좋은 개념으로 교체하는 식으로 생각하는 것은 좋은 착상인가?

이 이야기는 어떻게 계속될까? 도덕적 의무를 고려해보자. 아동은 단지 아주 외부적인 의무 개념으로 시작할 뿐이라고 생각할 수 있다. 이 '1단계 개념'에 따르면, 의무는 누군가 다른 **사람**이 한 사람에 책임을 지우는 것이다. 그것은 우리가 스스로에게 지우는 책임은 아니다. 관련된 '누군가 다른 사람'은 권위 있는 인물, 즉 어머니, 아버지, 교사, 성직자, 경찰관 등일 것이다. 책임을 진다는 그 내재된embedded 개념 또한 그것이 물리적 처벌의 위협과 물리적 보상의 약속과 관련된다는 점에서 외부적이다.

어머니가 내게 과자 상자에 손대지 말라고 했다고 하자. 어머니는 가게에 가고 나만 혼자 집에 남는다. 어머니가 밖에 있는 동안 나는 과자를 먹어선 안 될 의무가 있다. 만일 내가 아주 어린 아이라면, 과자 상자에 손대지 않을 책임이 있다는 것에 대한 이해는 다음과 같은 깨달음에 제한될 것이다. '내가 과자를 먹어서 어머니가 그걸 알게 되면, 나는 엉덩이를 맞을 것이다.'

그렇다면 좀 더 진전된 의무 개념이란 과자 상자에 손대지 않는 것에 대해 더 내적인 것에 가까운 책임 개념을 가지게 되는 것일 수 있다. 물리적 처벌의 위협과 물질적 보상의 약속은 의무에 대한 나의 이해에서 전혀 본질적 역할을 수행하지 못하게 될 수도 있다. 대신, 어머니 얼굴 표정에서 실망감을 표현할지 모른다는 두려움만으로도 충분한 위협일 것이다. 하지만 이 점에서 나의 의무 개념은 여전히 다소 외부적인데, 나의 의무에 대한 책임을 지우는 어떤 외부의 권위 있는 인물이 내 밖에 있다는 점에서 그렇다.

이 개념 대체 모델에 근거한 도덕 발달의 세 번째 단계에서 나는 나 자신을 궁극적으로 나의 권위 있는 인물로, 나의 입법자로 기능하게 하는 것을 배울 수 있다. 다음으로 어머니나 아버지, 교사나 성직자가 나를 조사하고 확인할 가능성이 전혀 없을 때에조차, 나는 어머니의 희망을 존중할 의무 또는 용감할 의무, 진실을 말할 의무를 인식할 수 있다. 확실히 나는 어떤 권위 있는 인물의 승인을 원할지 모른다. 그리고 나는 단지 인간일 뿐이기 때문에, 만일 내가 거짓말을 하거나, 비겁하게 행동했다면, 틀림없이 나는 어떤 권위 있는 인물도 그것을 알아채지 못하는 것을 선호할 것이다. 그러나 이 세 번째 단계에서, 나는 비록 그 책임이 나의 부모나 교사 또는 상사에 의해 내게 특별히 부과된 적이 전혀 없더라도, 그리고 외부적 보상이나 외부적 처벌의 위협이 없다 하더라도, 내 직장 동료의 이메일을 읽어서는 안 될 의무가 있다는 생각이 이상하거나 역설적이라고는 전혀 생각하지 않게 될 것이다.

이것이 도덕 발달에 관한 올바른 사고방식인가? 우리는 여기서 잠깐 멈춰서 다음과 같은 것을 생각해봐야 한다. 이런 도덕 발달 모델에 따르면, 발달 과정의 첫 단계에 있는 아동들은 실제로는 단지 '전-도덕적' 존재일 뿐이다. 그들이 단지 전-도덕적인 이유는, 만일 그들이 이러저러한 것을 한다면 처벌받을 가능성이 있다는 의미에서의 의무 개념은 전혀 **도덕적** 의무 개념이 아니기 때문이다.

이 말이 맞는지 보기 위해, 내가 경찰국가에 산다고 상상하자. 나는 이웃의 행적을 매일 경찰에 보고하는 데 동의할 수 있다. 나는 그런 보고 행위가 불쾌하고 심지어 그른 행위라는 점을 고려하면서도 거기에 동의할 수 있다. 그렇게 하지 않으면 일자리를 잃을 수도 있다는 두려움 때문에 그 일을 할 수도 있다. 나는 경찰이 이웃을 감시하라고 맡긴 의무를 도덕적 의무라고 생각하지 않고, 도덕적 의무가 아닌 상태로 그것을 받아들일 수 있다.

만일 아동들이 가진 의무 개념이 어느 수준에서도 그들이 의무감을 느끼는 것들 중 최소한 일부에 대해서 도덕적 적절함에 대한 인식을 전혀 포함하지 않는다면, 그들의 의무 개념은 전혀 도덕적 개념이 아니다. 그것은 그저 우리가 행위의 대가로 처벌이나 보상을 받는다는 점을 인식한 것일 뿐이다.

도덕 발달에 대한 개념 대체 모델의 이런 결론을 환영하는 사람들이 있을 수 있다. 이들은 아동들이 실제로 전-도덕적 행위자라는 것에 동의할 것이다. 그들에게, 가령 다섯 살의 아동이 가진 의무 개념은 아주 최소한의 의미에서만 도덕성과 관련이 있다. 아동이 이 개념을 필요로 하는 것은 그것을 나중에 진정한 도덕적 내용을 가진 개념으로 교체할 수 있다는 점에서 그렇다. 따라서 그것은 정말로 전-도덕적 개념이다.

나 자신은 이 결과가 그 자체로 도덕 발달을 이해하는 것에 대한 개념 대체 접근법의 신뢰를 무너뜨리기에 충분할 정도라고 생각한다. 내가 어린 아동들이, 개념 대체 접근법이 허용하는 것보다 도덕적으로 더 선하다고 생각한다는 것은 아니다. 더 정확히 말해서, 내가 생각하는 것은 어린 아동들, 심지어 아주 어린 아이들도 최소한 진정으로 도덕적인 행위자라는 것이다. 이것은 그저 아이들이 때때로 올바른 일을 할 능력이 있다는 의미가 아니다. 아이들이 때때로 올바른 일을 올바른 이유로 할 능력이 있다는 의미이다. 최소한 좋은 이유로, 진정으로 도덕적인 이유로 말이다. 그들은 의무를 완성하기 위해 그들이 가진 이유를 분명하게 말할 수는 없을지도 모른다. 그러나 그들은 도덕적 의무를 처벌의 위협이나 보상의 약속과는 다른 것으로 인식하고 수용할 수 있다.

내가 생각하고 있는 것은 다소 평범하지만 또한 심오한 것이기도 하다. 우리는 그것을 다음 글에서 볼 수 있을 것이다. 이 글은 당시 생후 15개월에 불과한 유아 마이클의 행위에 대한 묘사와 평가이다.

[마이클은] 친구인 폴과 인형을 놓고 다투고 있었다. 폴이 울기 시작했다. 마이클은 걱정하는 듯 보이더니 폴이 가져갈 수 있게 인형을 손에서 놓았다. 그러나 폴은 계속 울었다. 마이클은 잠시 멈춰 있다가 곰 인형을 폴에게 주었다. 그러나 울음은 계속됐다. 마이클은 잠시 멈추더니, 곧 옆방으

로 달려가 폴의 아기 담요를 가져와 폴에게 주었다. 그러자 폴은 울음을 멈췄다.

심리학자인 마틴 호프먼Martin L. Hoffman은 어린아이들의 감정이입, 공감 능력에 관한 선도적 연구자로서 이렇게 평했다.

첫째로, 마이클은 자신을 자주 안심시켰던 곰 인형이 또한 친구도 편안하게 할 것이라고 가정했던 것은 분명한 듯하다. 둘째, 그것이 실패하자 마이클은 잘못을 수정하는 근거로 삼아서 다른 대안을 생각해본다. 셋째, 마이클의 최종적이고 성공적인 행동 저변에 있는 과정을 고려할 때 다음 세 가지 가능성이 맨 앞에 나온다. (1) 마이클은 단순히 과거에 관찰했던 하나의 효과적이고 도구적 행위를 모방할 뿐이다. 즉, 마이클은 폴이 담요를 가지면 안심하게 되는 것을 관찰했다. 이 가능성은 잠정적으로 제외될 수 있다. 왜냐하면 마이클의 부모는 마이클에게 전에 그런 기회가 한 번이라도 있었는지를 상기할 수 없기 때문이다. (2) 마이클은 무엇을 할지 생각해보다가 다른 아이가 담요로 위로를 받는 것을 봤던 것을 기억해내고, 폴의 담요를 상기한다. 이것은 폴의 담요가 당시 마이클이 지각할 수 있는 범위 밖에 있었기 때문에, 처음 보인 것보다 더 복잡한 응답이다. (3) 마이클은 어리긴 하나 어떻게든 간에 다음과 같은 유비 추론을 했을 수 있다. 마이클이 자신의 곰 인형을 사랑하는 것과 같은 방식으로 폴도 사랑했던 것에 의해 위안을 받을 것이다.[1]

호프먼은 이렇게 덧붙인다. "나는 비록 마지막 해석이 어린아이에게는 복잡한 반응을 요구하는 것이라 하더라도, 이를 선호한다."

호프먼이 선호하는 해석에서 주목할 점은, 마이클이 어떻게든 폴을 **위로해야 한다**고 생각했다는 것을 가정하지 않으면 마이클의 행위를 설명할 수 없다는 점이다.

이 특수한 사건을 어떻게 해석하든지 간에, 나에겐 **어떤** 아주 어린 아동이 **때때로** 단순히 전-도덕적으로서가 아니라 진정 도덕적인 방식으로 행동한다는 것이 명확해 보인다. 그것은 자신들이 하고 있는 일이 좋은 일임을 이해하고 행동한다는 것을 의미한다. 왜냐하면 그것은 단순히 처벌을 피하거나 보상을 받아서가 아니라, 누군가를 돕거나 위로하는 것이기 때문에 좋은 일이라는 것을 아이들이 어느 정도 이해하기 때문이다. 도덕 발달에 대한 개념 대체 접근법은 아주 초기 단계의 아동들은 자신들의 행위를 오직 전-도덕적으로만 이해한다고 간주한다는 점에서 결함이 있다.

이 점이 현대의 가장 영향력 있는 도덕 발달론자인 콜버그의 용어들 속에서 어떤 역할을 수행하는지 살펴보자. 콜버그는 피험자들에게 도덕적 딜레마를 제시한 후 그들의 응답, 특히 그 해결책의 **정당화** 방법을 평가하여, 각 대상자를 6단계의 도덕 발달 단계 중 한곳에 위치시킨다.[2] 콜버그의 딜레마 중 가장 유명한 것은 이것이다.

유럽에서 어떤 여인이 희귀한 암으로 죽어가고 있었다. 의사들이 볼 때 그녀를 구할 수도 있는 약이 있다. 그 약은 그 도시의 어떤 제약사가 최근에 발견한 일종의 라듐이다. 약은 제조하는 데 비용이 많이 들긴 하나 제약사는 제조비의 10배를 받고 약을 팔고 있다. 라듐을 400달러에 사서 제조한 약 소량을 4000달러에 팔고 있는 것이다. 병든 여인의 남편인 하인즈는 돈을 빌리기 위해 아는 모든 사람들을 찾아가보았지만 약값의 절반 정도밖에 구할 수 없었다. 그는 제약사에게 아내가 죽어가고 있다고 말하고 약을 좀 싸게 팔든지 부족한 돈을 나중에 갚게 해달라고 사정했다. 하지만 제약사는 안 된다고 말했다. "내가 발견한 약이니 이걸로 돈을 좀 벌어야겠소." 하인즈는 절망에 빠진 나머지 약국에 침입해 들어가 아내를 구할 약을 훔쳤다.[3]

앞서 말했듯이 피험자들은 콜버그에 의해 도덕 발달의 한 단계로 배정되는데, 이것은 그들이 하인즈가 무엇을 해야 한다고(가령 약을 훔쳐야 한다고) 말하는 것에 따라서가 아니라, 하인즈가 무엇을 해야 한다고 말하든 간에 그들이 그 이유로 제시하는 정당화 방법에 따라서 결정된다(가령 검사 대상자는 "그는 약을 훔쳐서 부인에게 줘야 한다. 왜냐하면 사람의 생명을 살리는 것이 훔칠지 말지에 관한 문제보다 더 중요하기 때문이다"라고 말할 수 있다).

1단계의 피험자는 콜버그가 '처벌과 순종 지향'으로 부른 것을 드러낼 것이다. 2단계에선 초보적인 상호주의가 출현하지만 그것은 오직 '네가 내 등을 긁어주면 나도 네 등을 긁어주겠다' 정도일 뿐이다. 1단계와 2단계는 콜버그가 도덕 발달의 '전-인습적 수준'이라고 부르는 단계에 해당한다.

3단계와 4단계는 '인습적 수준'을 구성한다. 3단계에서 사람들은 '착한 소년소녀 지향'에 이르고, 4단계는 '법과 질서' 지향이다.

5단계와 6단계는 콜버그가 '후-인습적', '자율적', 또는 '원리적' 수준이라고 부른 것이다. 그리고 마침내 마지막 6단계에서 "올바름은 스스로 선택한 윤리적 원리들에 일치하는 논리적 포괄성, 보편성 그리고 정합성에 호소하여 양심의 결정에 의해 정의된다."[4]

30여 년간의 탐구 기간 동안, 콜버그와 동료들은 이 발달의 순서가 — 어느 누구도 먼저 n 단계를 거치지 않고는 n+1 단계에 도달하지 못하며, 전 단계로의 퇴행도 전혀 없다는 점에서 — 고정되어 있음을 보여주는 엄청난 양의 증거를 축적했다.[5]

콜버그의 도식scheme은 흥미로운 문화적 편견을 거의 보여주지 않는 것처럼 보인다('흥미로운 문화적 편견'이란 다른 문화에 들어맞도록 콜버그의 딜레마를 세심하게 재기술하더라도 제거될 수 없는 편견을 의미한다). 최근의 한 연구자는 이렇게 말한다.

증거가 시사하는바, 콜버그의 인터뷰는 그 내용이 창의적으로 각색되고 피험자가 모국어로 인터뷰를 받았을 때, 상당히 문화적으로 공정하다는 것이다. 고정된 연속 명제 역시 잘 지지받는 것으로 발견됐다. 왜냐하면 단계를 건너뛰거나 퇴행하는 경우는 드물었고 항상 측정 오차 범위 이내에 있었기 때문이다.[6]

이와 같은 이유들 때문에 콜버그의 이론은 모든 발달심리학에서 가장 명확하고 가장 빈틈없이 지지를 받는 이론 중 하나이다. 그럼에도, 많은 사람들은 그것에 별로 만족하지 못한다. 아마도 도덕 발달을 이해하기 위한 개념 대체 접근법의 부적절함에 관한 나의 평들이 그런 불만족의 한 가지 중요한 원천을 드러낼지 모른다.

콜버그의 이론이 아동이 1단계('처벌과 순종 지향')나 2단계('네가 내 등을 긁어주면 나도 네 등을 긁어주겠다')에서 가지는 의무 개념이 왜 도덕적 개념인지에 대해 — 비록 그것이 원시적인 도덕 개념일지라도 — 분명하게 설명하고 있는가? 그 대답은 부정적이다.

콜버그주의자들은 처음 두 단계는 '전-도덕 수준'의 특징을 가진다는 지적으로 응수할지 모른다. 추정컨대 이런 생각이다. 이 단계에서 아동이 가지는 의무 개념은, 진정한 도덕 개념에 도달하기 위해 그것을 발달시키고 다른 것으로 변화시켜야 한다는 의미에서만 도덕적이라는 것이다. 이런 응답은 두 가지 이유로 불만족스럽다. 첫째, 1단계와 2단계에 있는 단 한 명의 피험자도 진정한 도덕성이 무엇인지에 대해 전혀 이해하지 못한다고 가정하는 것은 분명히 설득력이 낮다. 둘째, 유사한 어려움이 3단계에서 어쨌든 또 나타나며 아마도 4단계에도 나타난다. 거부당하는 것을 단지 피하기 위해 기대에 순응하는 사람(3단계)이나 '주어진 사회 질서 그 자체를 위해 사회 질서를' 유지하려고 행동하는 사람(4 단계)[7]은 의무에 대한 특별히 도덕적인 이해를 얻지 못했다고 봐야 할 것이다(혹은, **적어도 그렇게 행동하기 때문에** 얻지 못했다고 봐야 할 것이다).

이제 5단계 이전, 심지어는 6단계 이전의 모든 단계가 사실상 전-도덕적 단계처럼 보이기 시작한다. 콜버그의 연구에 따르면, 6단계에 도달하는 사람은 거의 없거나 아마도 아예 없으며, 심지어 오직 소수의 사람만이 5단계에 도달하기 때문에, 우리는 대다수의 사람들은 특별히 도덕적인 의무 개념을 가지고 있지 않다는, 달갑지 않은 결론에 도달하게끔 된다. 이는 단지 대부분의 사람이 보통 도덕적으로 행동하지 않는 다는 것만을 말하는 것이 아니다. 그건 전혀 놀라운 결론이 아니다. 놀랍고도 불쾌한 결론은 대다수의 사람들이 도덕성이 무엇인지에 대해 어떠한 진정한 이해도 하지 못한다는 주장이다.

이러한 우려는 콜버그 자신이 도덕성을 불편부당성, 보편화 가능성, 전도성reversibility, 규정성prescriptivity 등으로 정의한다는 사실에 의해 분명히 드러난다. 만일 콜버그가 옳다면 그리고 오직 이런 형식적 특징들을 보여주는 판단만이 도덕적이라면, 발달의 더 낮은 단계에서 아동이 가지는 의무 개념은 원시적 도덕 개념조차 아니라 아예 도덕 개념이 아니다.

이러한 우려는 가상의 사례를 살펴봄으로써 구체화될 수 있다. 6세인 수전이 콜버그의 인터뷰를 받아서 1단계에 있다고 발견됐다고 하자. 이것이 의미하는 것은 도덕적 **충돌**을 해소하고 도덕적 **딜레마**를 해결하기 위해 추론하는 수전의 능력, 특히 그런 해소책을 분명하게 설명하는 수전의 능력이 아주 원시적이라는 것이다. 이제 과자와 오렌지 주스를 수전의 교실에서 나누어줬다고 하자. 수전은 우연히 두 개의 과자를 가졌고, 제임스는 단순한 착오 때문에 한 개도 못 가졌고, 나머지는 모두 한 개씩 갖게 됐다고 하자. 수전은 처음에는 행운에 기뻐하지만, 제임스가 과자를 한 개도 못 가졌음을 알게 된 후, 제임스에게 자기 과자를 한 개 주는 것을 상상할 수 있다. 이때 수전은 공정한 일을 했다. 수전은 그런 상황에서 도덕성이 요구하는 해야 할 일을 했다.

물론 수전은 제임스는 한 개도 못 받았는데, 자기는 두 개를 받은 것에 대한 비난을 받는 게 두려워 과자를 제임스에게 줬을 수도 있다. 또한 수전은 교사로부터 칭찬 받고 싶은 마음에서 또는 나중에 제임스로부터 보답을 받고 싶은 마음에서 과자를 주었을 수도 있다. 그러나 그녀가 처벌의 공포나 보상의 희망 때문에 행동**해야 한다**고 가정할 필요는 없다. 특히 이제 말하는 것이 결정적인데, 콜버그의 인터뷰에서 1단계를 기록했다는 사실이 그녀가 도덕 딜레마에 직면하지 않을 때 공정함의 감각으로 행동할 수 **없음**을 의미하지는 않는다. 도덕적 딜레마에 대한 그녀의 해결책을 정당화할 필요에 직면했을 때는 말할 것도 없이 말이다.

콜버그주의자는, 만일 수전의 도덕적 **추론 과정**이 1단계에 있다면 수전은 실제로는 공정함의 감각을 가지고 있지 않다고 응답할지 모른다. 그녀는 타인들에게서 관찰되는 행동을 본떠서 행동하는 것일 수도 있고, 또는 성인이나 또래의 압력에 순응하는 것일 수도 있다. 하지만 수전은 도덕적 딜레마를 해결하기 위한 5단계나 6단계의 **추론 과정**이 없는 한 실제로 공정함의 감각으로부터 행동하고 있는 것은 아니다.

이런 콜버그주의자의 응답에 대한 나의 견해는, 이들이 도덕 발달의 여러 차원 중 오직 한 가지에만 초점을 집중하고 나머지는 모두 무시한다는 것이다. 이 점을 분명하게 하기 위해 도덕 발달의 대안적 윤곽을 그려보겠다.

우리 각자는 우리가 자주 사용하는 어휘에서 도덕적 평가의 중요한 용어들(가령 '도덕적', '비도덕적', '공정한', '불공정한', '정직한', '거짓말하는', '용감한', '비겁한' 등) 각각에 대해 그 용어가 적용되는 적어도 한 가지 전형적paradigmatic 상황을 떠올릴 수 있다. 이 용어들의 의미에 대한 우리의 이해는 다른 사례들을 이러한 전형에 동화해보는 능력을 포함한다.

용감함의 한 전형은 병원에서 주사를 맞을 때 울지 않는 것이다. 거짓말에 대한 전형은 동생이 나가서 놀 때 동생의 사탕을 먹은 것을 부인하는 것일 수 있다. 공정함에 대해선, 반 친구들에게 과자를 균등하게 분배해서 각자가 같은 수의 과자를 갖게 하는 것이 전형일 수 있다.

여기서 내가 초기 플라톤의 대화편에서 소크라테스의 불운한 대화 상대자가 항상 저지르는 것과 같은 종류의 소박한 실수를 저지르고 있다고 비판할 수도 있을 것이다. 거짓말의 사례, 심지어 전형적 사례조차도 **거짓말의 본질**을 말하는 건 아니라는 비판이다. 확실히 '거짓말'을 만족스럽게 정의할 수 있는 사람만이 거짓말이 무엇인지 진정으로 알며, 오직 그런 사람만이 제대로 '거짓말'이라고 불리는 비도덕적 행위를 이해하는 데 성공했다는 비판이 있을 수 있다.

내 응답은 두 가지이다. 첫째, 우리 중 누구이건 '거짓말'의 완전히 만족스러운 정의를 내릴 수 있는지는 해결할 수 없는 질문이다(초기 플라톤의 대화들이 당혹감으로 끝난다는 것은 놀라운 일이 아니다!). 하지만 우리 대부분은 거짓말이 무엇인지를 일상적으로 활용할 정도로는 파악하고 있다. 그러므로 거짓말이 무엇인지 기본적으로 활용 가능하게 파악하는 것은, '거짓말'의 완전히 만족스러운 정의를 제공할 수 있는 것과는 다른 것이다. 사실상 그것은 거짓말의 중심적인 전형을 기본적으로 이해해서 다른 경우들을 이와 비교해서 그것들이 거짓말인지를 결정하는 능력일 수 있다.

둘째, 초기 플라톤의 대화편에 나오는 소크라테스의 방법은 그의 대담자(그리고 그의 독자)들이 우리가 제안한 정의들을 그들 자신의 직관을 가지고 점검할 것을 요청한다. 그래서 《국가Republic》 1권에서 소크라테스는 '정의justice'에 대한 케팔로스의 정의('진실을 말하고 빚을 갚는 것')를 거부한다. 수사적으로 만일 무기의 주인이 미쳤는데도 무기를 돌려줘야 하는지를 물음으로써 말이다. 독자로서 우리는 "물론 안 된다"라고 대답하도록 기대된다. 하지만 아직 우리가 '정의'에 대한 만족할 만한 정의를 가지고 있지 않다면, 무슨 근거로 그렇게 답할 수 있는가? 제안된 정의를 반대 사례로 점검해보는 것은 만일 우리가 관련된 도덕적 평가 용어들에 대해 기본적으로 활용 가능한 이해를 미리 가지고 있지 않다면, 분명히 쓸모없는 연습이다. 그런 이해를 가지는 것은 단순히 중심적 전형을 기본적으로 이해하고 다른 경우들을 그런 전형들에 비추어서 평가할 수 있다는 것일 수 있다.

내가 보기에 도덕 발달은 최소한 다섯 개의 다른 차원들을 가로질러 일어난다. 첫째, **전형**의 차원이 있다. 처벌을 피하기 위해서 거짓말을 꾸며대는 것은 거짓말에 대한 좋은 첫 번째 전형이다. 이득을 얻기 위하여 그릇되게 설명하는 것은 두 번째 전형일 수 있다(리사는 TV 프로그램을 계속 보기 위해서 몇 시인지 알면서도 모른다고 말한다). 권력자를 속이기 위한 집단 음모는 세 번째 전형일 수 있다(앨버트는 레너드가 침을 뱉는 것을 봤으면서도 선생님한테 보지 못했다고 말한다).

도덕 발달의 두 번째 차원은 **정의적 특징**defining characteristics을 제시하는 데 상대적으로 성공하는 것이다. '루이스가 말하는 식으로 무언가를 버릇없이 말하는 것'은 단순하지만 적절한 출발이다. '거짓을 발언하는 것'은 개선된 것이다. '네가 더 잘 알 때 거짓을 말하는 것'은 훨씬 개선된 것이다. '누군가를 속이기 위해 거짓이라고 알고 있는 것을 말하는 것'은 전자보다 더더욱 개선된 것이다.

그렇지만 이런 정의들 중 어느 것도 완전히 만족스럽지 않다는 점을 인식하는 것이 중요하다. 마지막 것을 고려해보자('누군가를 속이기 위해 거짓이라고 알고 있는 것을 말하는 것'). 학교 세탁실의 빨래 수거함에 누가 겨자를 뿌렸는지 한 교사가 찾아내려 한다고 가정하자. 선생님은 이미 나의 친구 벤이 했다는 정황 증거를 가지고 있다. 게다가 선생님은 내가 그 끔직한 행동을 목격했다고 생각할 이유를 충분히 가지고 있다. 그러나 증인이 나타나지 않는 한 선생님은 벤을 처벌할 수 없다. 선생님은 내게 물어보고 나는 벤이 했다는 것을 부인한다. 그 교사는 내가 친구를 보호하고 있음을 깨달을지도 모른다(나는 전에도 종종 그런 적이 있다). 여기에 속임수가 개입된 건 아니다. 심지어 나는, 내가 친구를 보호하려는 것을 선생님이 알고 있음을 깨달을 수 있다. 하지만 내가 벤이 겨자를 뿌리는 것을 보지 못했다고 말할 때, 나는 거짓을 말하고 있다.

따라서 마지막 정의 역시 결함이 있다. 게다가 나는 그것을 어떻게 고쳐야 할지 모른다. 아마 누군가가 우리의 소중한 직관에 모두 들어맞고 또한 유용한 정보도 주는 '거짓말'의 정의를 제시할 수 있을지 모른다. 그러나 중요한 점은 어느 누구도 거짓말이 무엇인지 기본적이고 활용 가능한 이해를 갖기 위해 그런 능력이 있을 **필요**가 없다는 점이다. 우선적으로 사람들은 하나의 중심적 전형에 대한 기본적 이해만을 가질 필요가 있다.

발달의 셋째 차원은, 각각의 도덕 평가 용어 밑에 포섭되는 사례들의 범위와 경계선상에 있는 사례들을 어떻게 다루는지와 관련된다. 통장에 잔고가 충분하지 않아서 수표가 부도 날 것을 알면서도 수표를 발행하는 것은 거짓말의 사례인가? 사진이 거짓말을 할 수 있는가? 학교에서 퇴학당한 학생이 교복 타이를 매는 것은 거짓인가?

도덕 발달의 네 번째 차원은 **서로 충돌하는 도덕적 주장들에 대해서 내리는 판결**과 관련된다. 또는 문제를 덜 편향적으로 하기 위해서, 서로 충돌하는 것으로 보이는 도덕적 주장들에 대해서 내리는 판결과 관련된다. 거짓말을 하는 것은 가끔은 무례하거나 버릇없는 것이 아니다. 때때로 그것은 의무이기도 하다. 어떻게 그럴 수 있는가? 거짓말을 하는 것이 일견으로는 그러더라도, 다른 도덕적 요구가 진실을 말하라는 요구보다 우선할 수 있다. 우리는 그러한 충돌들 또는 충돌처럼 보이는 것들을 해결하는 방식을 생각하는 능력이 점점 더 좋아지면서 도덕적으로 발달한다.

다섯째, **도덕적 상상**의 차원이 있다. 15개월 된 마이클은 폴의 불편함을 이해해서 폴의 담요를 가지고 와서 그를 위로하겠다고 상상한 듯하다. 그렇게 아주 어린 나이에도 마이클은 도덕적 상상의 차원에선 아주 진보했다.

물론 세계에 대한 마이클의 경험과 세계의 작동 방식에 대한 그의 이해는 15개월 때엔 아주 제한적일 것이다. 아주 어린 아동은 인종차별이나 성차별의 희생자에게 공감할 수는 없을 것이다. 왜냐하면 사회에 대한 아동의 경험과 이해는 너무 제한적이기 때문이다. 일반적으로 우리는 나이가 들어가며 인생 경험이 점점 더 광범위해짐에 따라, 도덕적 상상의 능력이 진보할 것이라고 예상할 수 있다.

하지만 꼭 이런 일이 일어날 필요는 없다. 사람들은 주위 사회의 문제들로 압도당해 어쩔 줄 모르거나, 자신의 개인적 목표에 점점 더 사로잡히기도 한다. 이런 일이 일어날 때 심지어 아주 어리고 경험이 없는 아동조차 즉각적이고 공감적인 반응으로 어른을 금세 따라잡을 수 있다. 가령 다리 밑에서 종이 박스로 몸을 녹이려는 노숙자에게 즉각적이고 공감적으로 반응하며 던지는 아이의 순진한 질문은, 우리의 잠자는 상상과 동정심을 깨울 수 있으며 심지어 우리로 하여금 도덕적 행동을 하게 할 수도 있다.

따라서 내가 옹호하는 견해에 따르면, 도덕 발달은 다섯 개의 차원에 걸쳐서 일어난다. 콜버그는 오직 한 개, 즉 네 번째 차원(도덕적 충돌이나 딜레마를 판결하는 것)에만 집중한다. 그러나 아동이 도덕적 딜레마를 다뤄야 할 때가 오기 훨씬 전에, 딜레마를 해결하기 위한 정당화를 제시하는 것은 말할 것도 없이, 아동은 고통을 겪는 희생자나 부정의의 희생자에 대한 강한 공감적 반응을 가질 수 있으며, 도덕적 평가 용어에 대한 중심적 전형에 대한 기본적이고 활용 가능한 이해를 가질 수 있다.

우리 대부분은 우리가 아동기에 최초로 동화돼서 완전히 이해했던 전형을 절대로 잃어버리지 않는다. 과자의 균등한 분할은 분배 정의의 전형으로 우리에게 남는다. 수전이 성장하고 발달하면서 전형들의 비축량을 늘려가기를 우리는 희망한다. 과자를 공평히 나누어주는 것으로부터 다양한 능력을 가진 직원들에게 공평하게 직무를 배분하는 것으로, 또는 경기 중간에 규칙을 바꾸기를 거부하는 것 등으로 말이다. 우리는 또 수전이 도덕 발달의 다른 차원을 따라서도 성장하기를 바란다. 하지만 분배 정의라는 단순한 전형은 수전에게 영원히 남게 될 것이다. 또한 수전이 훗날 가지게 될 숙달된 추론을, 어린 시절 간단한 전형에 이끌렸던 그녀의 순진함과 대비시켜 보더라도, 어린 시절의 행동이 공정함의 감각에서 비롯된 것이 아니라는 것을 입증할 수는 없다.

부모들은 가끔 내게 자기 아이 중의 하나가 일찍부터 가족에게 '정의로운 사람'으로 인정받는다고 말한다. 아마도 그것은 모두 세 살 때의 과자 분배로 시작되는 것일 것이다. 그러나 그것은 중간 아동기, 후기 아동기와 청소년기를 거쳐 계속된다. 이 특별한 아동은 언제나 그 가족에게 "그런데, 그게 정말 공정한 거야?"라고 묻는 아이일 것이다. 어머니와 아버지는 아이로부터 그와 같은 질문에 대한 답을 하면서 사건을 다시 평가하도록 요구받을 수 있다. 또한 '정의로운 사람'이 가족의 맏이일 필요는 없다.

인지와 도덕 발달 이론은 자주 아이들로부터 — 우리의 아이들과 우리 자신의 아동기 자아로부터 — 거리를 두게 장려한다. 이런 거리 두기는 때로 아이들을 새롭게 존중하도록 만든다. 결국 그것은 우리가 아이들의 결점이라고 여기고 책망하는 것에 대해 경고한다. 이론들에 따르면, 이 결점들은 미성숙한 인지와 도덕 구조를 표현한다고 알려진 해당 연령대의 아동들에게 전적으로 정상적인 것이기 때문이다.

그러나 이런 거리 두기는 또한 우리의 우월감을 부추길 수도 있다. 만일 아동들은 우리와는 구조적으로 다른 개념 세계에서 살지만 자연스럽게 우리의 세계로 진화할 것이라고 가정한다면, 어떻게 도덕적 행위자로서의 아동들을 향해서 우월감을 갖지 않을 수 있겠는가?

이런 우월감은, 이해할 만은 하지만 근거가 없는 것이다. 그것이 근거가 없는 한 가지 이유는, 지난 장에서 봤듯이, 후기의 구조들이 의문의 여지가 없는 성취가 아니라는 점이다. 특히 그것들은 철학자들이 계속 지적해왔던 방식과 마찬가지 면에서 문제가 되는 성취이다. 따라서 누군가가 정의justice에 대한 완전히 만족스러운 이론을 제공할 수 있는지, 혹은 앞서 언급했듯 '거짓말'에 대한 만족스러운 정의라도 제공할 수 있는지 여부를 묻는 질문은 해결되지 않는 질문이다.

그런 우월감이 근거가 없는 또 다른 이유는, 아동들은 단순 명쾌함 때문에 자주 어른들을 기본으로 돌아가게 한다는 것이다. 순전히 이론에만 근거해서 어른이 때로 아동으로부터 도덕적으로 배울 수 있는 가능성을 배제하는 일체의 발달 이론은, 바로 그 이유 때문에 결함이 있으며 또한 도덕적으로 모욕적이고 불쾌하다.

6

· · · · · ·

아동의
권리

아동은 현재 그들에게 있지 않은 권리들, 가령 투표할 권리, 학교에 가는 것을 거부할 권리 혹은 부모와 관계를 끊을 권리를 가져야 하는가? 또는 아동의 권리를 위한 운동은 이미 지나칠 정도로 멀리 나갔는가?

1992년 미국 대통령 선거 운동 기간 중에, 이런 질문들을 제기했던 플로리다 주 청소년 법정 사례가 신문과 텔레비전의 큰 관심을 받았다. 대중의 관심을 끌었던 쟁점은 아동들이 부모와 관계를 끊을 권리를 가져야 하는지였다.

1992년 7월 9일, 플로리다 주 법원의 판사는 한 12세 소년의 양부모 조지 루스와 리자베스 루스가 아이를 합법적으로 입양할 수 있도록, 친부모의 권리를 종결시켜주기를 요청할 법적 자격이 아이에게 있다고 판결했다. 처음에는 보호를 위해 '그레고리 K'라고만 불렀던 아이는 스스로 자신의 성이 킹슬리임을 밝혔다. 자신의 어머니를 법정에 세울 권리를 원하면서, 그레고리가 통상적으로 미성년자에게 부여되는 익명

보호를 포기해야 했던 것은 적절한 듯이 보였다.

　바버라 월터스Barbara Walters와의 인터뷰로 공중파 텔레비전에 모습을 드러낸 후, 그레고리는 유명인사가 되었다. 이 사건이 대중의 관심을 얻은 때는 미국 대통령 선거 운동의 와중이었고 이때 공화당은 '가족의 가치'를 핵심 선거 이슈로 만들려고 애쓰고 있었기 때문에, 정치가들은 곧 그레고리의 청원을 자신들의 정치적 목적을 위해 사용하려 시도했다.

　그레고리 킹슬리의 사례와 대통령 후보 빌 클린턴과의 관련성은, 클린턴의 부인인 힐러리 로댐 클린턴이 의심의 여지 없이 아동보호재단Children's Defense Fund을 위해 일했으며 아동의 권리에 관한 중요한 논문을 여러 편 발표했다는 사실에 의해 커졌다.[1] 조지 부시는 판사의 판결을 "진보적 의제의 옹호자들"에 대항하여 "이들이 어린이들을 부추겨서 변호사를 고용하여 부모를 법정에 출두시키게" 한다고 유권자들에게 경고하기 위한 기회로 활용했다.[2]

　그레고리의 아버지는 부모로서의 권리를 종료하는 데 동의하는 서류에 서명했다. 따라서 아이 양육에 대한 어머니의 권리가 결정되어야 했다. 곧 사람들은 그레고리가 어머니와 함께한 지난 8년 중 단지 8개월만 어머니와 살았고, 그녀가 아이를 마지막으로 포기했을 때 당국에 "그 애를 데려가세요"라고 말했다는 것을 알게 되었다.

　그레고리는 플로리다의 재판에서 이겼다. 또한 그는 미국 국민들의 여론 재판에서도 광범위한 지지를 받았던 것으로 보인다. 새로운 인생을 시작하는 징표로서 그레고리는 이름을 바꿨다. 새로운 부모에 의해 공식적으로 입양되자마자 그는 숀 루스가 됐다.

그레고리 킹슬리의 사례는 드물지 않다. 우리는 미국과 유럽에서 아동들의 법적인 권리가 점차적으로 확장되는 것을 볼 수 있다. 그들의 도덕적 권리에 관한 문제 역시, 법적인 문제와 다르긴 하지만 완전히 구별되는 것은 아니다. 우리가 1960년대 시민권 운동에서 보았듯이, 특정 집단의 사람들이 가진 도덕권을 인정하는 것은 종종 그들의 법적인 지위도 바꾸도록 우리를 유도한다. 반대로 특정 집단의 사람들에게 부여된 법적인 지위를 바꾸는 것은 종종 우리로 하여금 그들에 대한 도덕적 태도를 바꾸도록 유도한다.

아동들은 특히 두 개의 윤리적 원리와 관련된 쟁점을 제기한다. 이 원리들은 자율성 원리Autonomy Principle와 후견주의 원리Paternalism Principle이다. 자율성 원리에 따르면, 합리적 인간은 스스로 결정해야 한다. 후견주의 원리에 따르면, 개인의 자율성은 그 개인 자신의 이익에 부합되는 한 제한될 수 있다.[3]

아동을 자율성 원리에 따르도록 할 때 두 개의 서로 관련 있으면서도 구분되는 질문이 제기된다.

(1) 아동은 스스로 결정할 수 있을 정도로 충분하게 또는 올바른 방식에서 합리적인가?
(2) 스스로 결정하는 아동의 능력을 제한하는 것이 아동 자신에게 이익일 것인가?

질문 (1)은 자율성 원리가 독자적으로 간주됐을 때 그것의 적용과 관련된다. 질문 (2)는 후견주의가 어떻게 자율성과 관련을 맺는지와 관련된다. 그것은 어떤 특수한 경우에서 후견주의 원리가 자율성 원리에 '우선해야' 하는지를 묻는다.

그레고리 킹슬리의 사례에 적용했을 때, 제한받지 않은 상태에서의 자율성 원리는, 그레고리가 어머니의 부모로서의 권리를 종료시키기 위해 — 그래서 그가 편안하게 느끼는 사랑하는 가족의 부모에게 입양될 수 있도록 — 어머니를 고소할 그의 권리를 입증할 것이다. 하지만 11세 또는 12세였던 그레고리는 스스로 결정하는 권리를 행사할 수 있을 정도로 충분히 합리적이었는가? 또는 요구되는 방식으로 충분히 합리적이었는가(질문 (1))? 월터스와의 인터뷰나 CNN에 나오는 법정에선 그를 보았던 대부분의 시청자들은 그렇다고 판정했던 것 같다. 《뉴욕 타임스》는 법정에서의 그레고리의 모습을 다음과 같이 보도했다.

검은 머리의 6학년생은 한 시간 이상 증인대에 섰다. 그의 어깨는 증인석보다 약간 더 높았을 뿐이었다. 나이에 어울리지 않게 세련된 모습을 보여준 그레고리는 그가 배정받았던 아동 센터에서 그의 양부를 어떻게 만났는지 설명했다.

그레고리는 위탁 양육을 받는 근 2년 동안 그의 어머니가 한 번도 방문한 적도 전화를 걸거나 편지를 쓴 적도 없었다고 말했다. 증인석에서 그는 아무런 감정이 없는 목소리로 "저는 그저 어머니가 저를 잊었다고 생각했습니다"라고 말했다. 나중에 그는 설명하기를, 위탁 양육 기간이 끝난 후에 어머니는 그가 다시는 위탁 양육을 받지 않게 하겠다고 약속했다고 말했다. 그 후로도 그는 두 번 위탁 양육 가정에 배정됐으며, 이 때문에 어머니에 대한 감정이 변했다고 증언했다.

변호사인 제리 블레어를 똑바로 쳐다보면서도 20피트 거리에 있는 친모를 보려 돌아서지는 않은 채 그레고리는 "저는 그저 어머니가 더 이상 제게 관심이 없다고 생각했습니다"라고 말했다. "어머니가 약속을 깬 것은 제게 관심을 많이 기울이지 않기 때문이라고 생각했습니다."[4]

"나이에 어울리지 않게 세련된 모습을 보여줬다"라고 묘사한 기자의 말은 잠시 생각해볼 만하다. 그레고리는 또래 소년에 비해 몹시 성숙하고 세련됐을 수 있다. 그레고리가 보여줬던 것과 같은 자신감과 자기 확신은 안정적인 가정생활을 하지 못한 아동들 사이에서는 특히 더 예외적이었을 것이라고 조심스럽게 생각해본다. 하지만 이 경우 기자가 놓친 것은 이와 같은 법정에서의 아동의 모습 — CNN에 생중계되고 있었다! — 은 선례가 전혀 없었다는 점이다. 우리는 그의 법정에서의 모습이 '그의 나이 또래의 소년'치고 얼마나 예외적인지 판단할 입장이 아니다. 왜냐하면 이와 같은 법정에서의 모습의 다른 예가 없기 때문이다. 무엇보다도, 이 사례는 사람들에게 우리가 그레고리의 침착함과 세련됨을 보고 놀라는 것이 그저 편견과 우월감 때문은 아닌지 의문을 불러일으켰을지도 모른다.

위의 질문 (2)와 관련해선, 이 법정 사례를 추적했던 사람들은 거의 어느 누구도 그레고리가 새 가족에 입양되는 것이 그에게 이익이라는 점을 의심할 수 없었을 것이다. 그것이 확실히 그레고리 자신이 원했던 것이기 때문에, 그의 자율성을 제한하는 것이 그 자신의 이익이 되리라고 생각할 이유는 전혀 없다. 따라서 이 경우엔, 그레고리의 자율성이 우선권을 가지건 아니면 후견주의가 자율성을 누르건, 결과는 같으리라고 생각될 것이다.

그레고리 킹슬리 소송은 유명한 미 대법원 소송 건이었던 골트Gault 소송 건(1967)이 발생한 지 정확하게 25년 후에 일어났다. 골트 소송을 계기로 최초로 미성년자들의 헌법적 권리 — 가령 변호를 받을 권리, 그들이 말하는 것이 불리한 증거로 사용될 수 있다는 경고를 받을 권리 등 정당한 절차의 권리 — 가 인정받았다.

우리는 아동들이 우리 법적 체계 안에서 점점 더 많은 자율성을 얻을 것이며, 점점 더 어린 나이에 자율성을 행사하도록 허용될 것으로 기대할 수 있다. 이것은 좋은 일인가? 아동의 권리에 관한 철학 책들에 나타나는 판단은 다소 엇갈린다.

1974년 존 홀트John Holt는 "나는 성인 시민들의 권리, 특권, 의무, 책임이, 이것들을 이용하기를 원하는 모든 연령의 어린 사람들 누구에게도 허용될 것을 제안한다"라고 말했다.[5] 비슷한 의도로 하워드 코언 Howard Cohen은 6년 후에 《아동의 평등권Equal Rights for Children》을 출판했다. 이 책은 아동의 권리에 대한 진보주의자적 입장의 고전적 옹호론을 담고 있는데, 코언의 입장의 핵심은 다음과 같다.

나는 모든 사람이 권리를 가지고 있지 않으면 어느 누구도 권리를 가져서는 안 된다고 말하는 것은 아니다. … 내가 말하고자 하는 것은 관련된 차이가 입증되지 않는 한 사람들을 다르게 대우하는 것은 옳지 않다는 것이다. 그것은 정의롭지 못한 일이다. 내가 보기에 성인과 아동 사이에 존재한다고 간주되는 차이는 이중 잣대를 지지하는 사람들에 의해 과장되었다. 아동들은 약하며, 수동적이고, 생각이 없으며 경솔하다고 추정되며, 성인들은 합리적이고, 고도로 동기부여되어 있고 효율적이라고 추정된다. 이러한 구도가 너무나 정교하게 새겨져 있다. 물론 예외가 없다고는 누구도 말하지 않는다. 하지만 문제는 아동의 평등권을 위한 제대로 된 설명은 예외에 근거할 수 없다는 점이다. 즉 우리는 이중 잣대를 재수정했을 뿐이지 그것을 제거한 것은 아닌 셈이다.[6]

아동의 권리를 인정하자는 청원에서 또 다른 목소리를 낸 사람들은 밥 프랭클린Bob Franklin과 슐라미스 파이어스톤Shulamith Firestone이었다. 파이어스톤은 그녀의 책에서 여성 해방과 아동 해방 사이의 연결 관계를 강조한다. "우리는 여성 해방이라는 혁명을 위한 어떤 프로그램에도 아동의 압제를 포함해야 한다. 그렇지 않으면 우리는 우리가 남성들을 그렇게 자주 비난했을 때 했던 것과 같은 실수를 하게 될 것이다. 우리의 분석을 충분할 정도로 깊이 진행하지 않았다는 실수, 우리와 직접적으로 관련이 없다는 이유만으로 압제의 중요한 기층substratum을 놓쳤다는 실수 말이다."[7]

로런스 홀게이트Laurence D. Houlgate는 그의 책 《아동과 국가: 청소년 권리에 관한 규범적 이론The Child and the State: A Normative Theory of Juvenile Rights》에서 정의의 요구 조건들을 완화하기 위해 공리주의적 고려 사항들을 허용함으로써 좀 더 온건한 입장을 명확히 하려고 시도한다.[8] 로라 퍼디Laura Purdy는 《아동의 최선의 이익? 아동의 평등권에 대한 반대 사례Their Best Interest? The Case Against Equal Rights for Children》에서 아동의 해방을 거부하기 위해 명백하게 공리주의적 입장을 취한다. 퍼디는 자신의 입장을 다음과 같이 요약한다.

첫째, 현재 부모와 아동을 함께 묶어주는 비대칭적 법적인 연결 관계를 단
절함으로써, 평등권은 적절한 부모의 권위를 약화시킬 것이다. 이로부터
두 개의 아주 중요한 결과가 따라 나올 것으로 기대된다. 하나는 부모는
미래에 책임 있고 도덕적인 행위를 하기 위해 지금 필요한 것으로 보이는
일종의 초기 훈련을 아이들에게 제공하는 데 더 주저하게 될 것이라는 점
이다. 다른 하나는 청소년들이 부모의 지도를 진지하게 받아들이지 않게
될 것이라는 점이다. 이 두 개의 결과가 모두 아동들 자신의 복지뿐 아니
라 그들이 훌륭한 사회에 건설적으로 참여할 능력에도 해로운 영향을 미
치리라고 예상하는 것은 납득할 만하다. …
　둘째, 평등권은 의무 교육의 폐지를 요구할 것이다. 현재 학교에 상당
한 문제가 있는 것은 명백하지만, 그렇다고 해서 이런 방식으로 학교의 권
위를 무너뜨림으로써 문제들이 가장 잘 제거될 것이라는 결론이 도출되
지는 않는다. …
　셋째, 평등권은 많은 아동들을 어린 나이에 일터로 내몰 것이다. 일터
에서 교육을 받지 못한 아동들은 단지 가장 하찮은 일만을 할 수 있을 것
이다. 거기에서 그들은 변동이 심한 수요의 불확실성을 겪을 것이며 자신
을 여러 종류의 위험에 노출시키거나, 다른 궁핍한 노동자들보다 더 낮은
임금을 감수함으로써만 생존할 수 있을 것이다.[9]

우리는 이 같은 논쟁이 계속될 것으로 예측할 수 있다. 또한 이미 지
적했듯이, 우리는 아동들이 가졌다고 인정받는 권리들의 수와 유형이

더 많아질 것임을 예측할 수 있다. 더욱이 우리는 부모를 법정에 세울 권리 등을 가졌다고 인정받는 최소 연령이 낮추어질 것으로 예측할 수 있다. 이것은 분명히 현재의 추세이다. 아마도 아동의 권리에 대한 로라 퍼디와 같은 보수주의적 비판가들이 그 추세를 느리게 할 것이다. 하지만 그 추세를 멈추지는 못할 것이며, 더욱이 그것을 역전시킬 수는 없을 것이라고 나는 생각한다.

아동의 권리를 옹호하는 사람들과 반대하는 사람들 사이의 논쟁을 해결하려고 시도하지 않으면서, 우리는 이 추세를 환영하는 철학적 근거를 찾을 수 있을 것인가? 나는 이제 이 근거에 대해 생각해보려 한다.

아동 해방에 반대하는 입장에서, 퍼디는 아동들에게 주어지는 권리의 영역을 확장시키면 부모와 학교의 권위가 약화될 경향이 있다고 예측한다. 권위를 어떻게 이해하는지에 관한 문제, 특히 **합리적 권위**를 어떻게 이해해야 하는지에 관한 문제는 거의 철학만큼 오래된 문제이다. 그 문제에 대한 심사숙고해보면, 우리는 우리 사회에서 아동이 점진적으로 해방되는 것을 환영할 이유가 있음을 알게 될 것이다. 비록 아동의 권리의 확장에 대한 생각이 두려움과 불안을 수반할지라도 말이다.

안정적이고 화합하는 사회에서 부모와 교사는 아이들로부터 권위 있는 인물로 인정받는다. 사회학적으로 말하면, 부모와 교사는 그들의 사회적 위치 덕분에 아동들에 대한 권위를 행사한다. 그러나 그러한 권위 구조는 합리적으로 정당화될 수 있는가? 이런 질문을 일반적 형식으로 던지는 것은 합리적 권위에 대한 철학적 문제를 제기하는 것이다.

합리적 권위에 대한 철학적 문제는 플라톤의 대화편《유티프로Eu-thyphro》에서 처음 제기되었다. 이 대화편에서 소크라테스가 만난 유티프로는 그의 아버지를 불경죄로 고소하러 가는 중이었다. 소크라테스는 유티프로가 자신의 아버지를 법정에 고소하려 한다는 것에 놀라움을 표한다. 소크라테스의 놀라움이 함축하는 것은 아이들은 아버지를 존경해야 하기 때문에 아이들이 아버지를 범죄 혐의로 고소한다는 것은 거의 생각할 수 없는 일임을 함축한다.

유티프로는 아버지를 불경죄로 고소하는 것이 불경스럽다는 생각에 영향을 받지 않는다. 그는 자신이 아버지를 고소하는 것은 대단히 진지한 일이라고 말한다. 실제로 그 고소의 내용은 과실치사였다. 유티프로가 들려준 이야기에 따르면, 피의자는 술 때문에 난폭해져서 가족의 노예 한 명을 죽게 했다. 유티프로의 아버지는 이 사람의 손발을 묶게 한 후 어떻게 해야 할지 묻기 위해서 그 자리를 떠 성직자에게 갔다. 묶인 채 도랑에 버려졌던 그 남자는 굶주림과 추위로 죽었다. 유티프로는 아버지가 이 남자의 죽음에 책임이 있다고 주장하며 아버지를 고소하겠다고 한다.

먼저 과실치사를 일종의 불경죄로 생각하는 것이 우리를 놀라게 한다. 그러나 '살인하지 말라'가 유대 크리스트교 전통에 있는 십계명 중 하나임과 동시에 종교는 우리의 현대적이며 세속적인 정부 안에서 최소한 묵시적인 역할을 하고 있음을 기억해야 한다.

소크라테스가 유티프로의 이야기에 보이는 반응은 플라톤의 초기 대화편에서 소크라테스라는 인물이 보이는 전형적인 반응이다. 그는 유티프로에게 경건함이 무엇인지 묻는다. 이 질문은 적절한 듯이 보인다.

왜냐하면 만일 유티프로가 아버지를 불경죄로 고소한다면, 그는 경건함이 무엇인지를 정말로 알아야 하기 때문이다. 이 대화편의 대부분은 '경건함'과 '불경'을 정의하려는 유티프로의 실패로 끝나는 시도로 채워진다.

대화편의 결정적인 장면은 유티프로가 경건함은 무엇이든지 모든 신들이 사랑하는 것이라고 말하려 한 후 소크라테스가 그의 유명하고 심오한 질문을 던질 때이다. "신은 그것이 경건하기 때문에 경건함을 사랑하는 것인가, 아니면 신이 그것을 사랑하기 때문에 경건한 것인가?" (*Euthyphro*, 10A)

보통 '유티프로 문제'라고 불리는 이 문제는 유대, 기독교, 이슬람 전통에 있는 우리들에게 더 익숙하게끔 유일신적인 용어로 옮겨질 수 있다. 도덕성은 신의 명령에 의존한다고 생각하는 신자를 생각해보자. 이 사람에게 "X는 옳다"라고 말하는 것은 "신이 X를 하라고 명령한다"를 뜻할 수 있다. 그리고 이 사람에게 "Y는 그르다"라고 말하는 것은 "신이 Y를 하지 말라고 명령한다"를 뜻할 수 있다. 소크라테스적인 질문은 이제 이렇다. 'X를 하는 것이 옳은 이유는 신이 그것을 하라고 명령했기 때문인가, 아니면 신은 그것이 옳기 때문에 X를 하라고 명령하는가?' 그리고 'Y를 하는 것이 그른 이유는 신이 그것을 하지 말라고 명령했기 때문인가, 아니면 신은 그것이 그르기 때문에 Y를 하지 말라고 명령하는가?'

살인을 고려해보라. 그리고 '살인은 그르다'란 주장을 고려해보라. 제안된 분석에 따르면 이 주장은 '신이 우리에게 살인하지 말라고 명령한다'를 뜻한다. 하지만 살인은 신이 살인하지 말라고 명령했기 때문에 그른 것인가, 아니면 살인은 그르기 때문에 신은 그것을 하지 말라고 명령한 것인가? 만일 우리가 첫 번째 해석(살인은 신이 살인하지 말라고 명령했기 때문에 그르다)을 선택한다면, 우리는 **신학적 주의주의자**theological voluntarist이다. 이 관점에서 보면 신의 의지, 명령 혹은 승인이 핵심이다. 이 해석에서는 신의 명령 혹은 승인에 관한 어떤 설명도 없다. 반면, 우리가 두 번째 해석(살인은 그르기 때문에 신은 그것을 하지 말라고 명령한다)을 선택한다면, 우리는 **신학적 합리주의자**theological rationalists이다. 이 관점에서 보면 신의 의지와 신의 명령에 대해 설명하는 방식이 최소한 원칙적으로 한 가지 있다(신은 옳은 것, 그리고 오직 옳은 것만 의지하고 명령한다). 그러나 이것은 또한 신으로부터 독립적인 도덕적 기준 — 이 기준으로 신을 판단할 수 있다 — 이 있음을 의미한다.

신학적 주의주의자들은 신의 의지와 명령이 자의적일지라도, 그것이 여전히 무엇이 옳고 그른지를 결정할 것이라는 생각을 권한다. 대조적으로 신학적 합리주의자들은 신은 도덕의 기준에 순응해야 하기 때문에 신이 전능하지는 않음을 시사한다.

유티프로 문제는 완전히 세속적으로도 적용될 수 있고, 내가 그 문제를 여기서 다루는 것도 그래서이다. 우리가 아동에게 "어머니가 말하는 것이 옳다"라고 말한다고 하자. 여기서 유티프로 문제는 '그것은 어머니가 그것을 말했기 때문에 옳은가, 아니면 그것이 옳기 때문에 어머니는 그것을 말하는가?'이다. 만일 우리가 첫 번째 해석을 택한다면, 어머니의 명령이 무엇이 옳은지를 정한다. 비록 그것이 어머니의 편견이나 변덕에 기초할지라도 말이다. 만일 우리가 두 번째를 택한다면, 어머니가 이것이나 저것을 하라고 말한 사실은 어떤 것을 옳게 만드는 것이 무엇인지를 이해함에 있어 비본질적인 것으로 탈락된다. 어떤 것을 옳게 만드는 것이 무엇인지를 알기 위해서 우리는 오히려 어머니가 무엇인가를 명령할 때, 그 명령 행위에 담긴 이유를 봐야 한다. 사실상 이 견해에 따르면 어머니는 그녀가 명령한 것에 대해 설명할 수 있는 반면, 앞의 견해에 따르면 어머니가 명령한 것은 자동적으로 옳은 것이 된다.

우리가 유티프로 문제의 신학적 형태에 관해 무엇을 말하고 싶어 하건, 세속적인 형태에 응수하기 위해선 딜레마의 뿔 사이로 피하는 방법을 사용해야 한다. 어머니가 "숙제를 끝날 때까지 더 이상 TV는 보지 말고 비디오게임도 더 이상 하지 마!"라고 말한다고 하자. 이 명령은 어머니가 그렇게 말했고 어머니는 아동과 관련해서 권위를 가진 위치에 있다는 단순한 이유만으로 일견 수용해야 할 것처럼 보인다. 하지만 분별 있는 가족의 경우, 그 명령에 도전할 가능성이 약간 있을 것이다. 비록 당장은 아닐지라도 아마도 얼마 있다가 그렇게 하거나 아니면 그 문제가 논의되는 것을 계기로 말이다. 어느 때 어느 곳에서 도전받을 가능성이 있다는 말은, 어머니가 그것을 명령했기 때문에 그 명령이 일견으로만 옳은 것임을 뜻한다. 심층적인 단계에선, 우리는 그 명령이 옳거나 좋거나 또는 충고할 만하기 때문에 어머니가 그것을 명령한다고 생각해야 한다. 만일 도전의 결과 그 명령이 실제로는 정당화되지 않음이 밝혀진다면(가령 아이의 숙제 제출일이 다음 날이 아니거나, 어머니가 아이에게 한 시간 동안 TV 시청을 약속한 적이 있다거나) 일견 옳은 것이었던 주장은 기각된다. 권위를 단순히 자의적이 아니라 합리적으로 만드는 것은 검토review의 가능성이다.

퍼디는 아동의 해방이 부모와 교사의 권위를 무너뜨리는 경향으로 이어질 것이라고 말한다. 그러나 권위는 어떻게 이해되어야 하는가? 앞에서 언급한 부모의 권위에 집중해보자. 만일 단순히 아동에 대한 특정한 생물학적 관계 때문에(아동을 낳았거나 친부이기 때문에) 아동에 대한 권위를 가진다면, 그 권위에 도전하고 그것에 대한 설명을 요구하는 법적인 기제가 존재할 필요가 있으며 실제로 우리 사회엔 그런 기제가 있다. 과거 오랫동안 그리고 현재에도 그렇듯, 아이를 방치하거나 학대하는 부모의 권위에 도전하기 위해 어떤 사람 혹은 대리인은 법정으로 가는 방법을 취할 수 있다. 새로운 질문은 아동 자신이 법정에 출석하여 스스로를 대표해서 탄원을 제출할 수 있는가이다.

그레고리 킹슬리의 사례로 돌아가자. 텔레비전 저녁 뉴스가 분명하게 보도했듯이, 그레고리의 어머니는 아들에 대한 책임을 오래전에 포기했다. 그녀는 아이를 국가 기관에 버렸다. 비록 지금은 아이를 다시 데려오기를 원하지만, 아이에게 만족스러운 보금자리를 제공할 입장에 있지 못하다(실제로 그녀가 현재 애인으로부터 폭력을 당했다는 증거는 그녀가 자신을 돌볼 수도 없음을 시사한다).

물론 플로리다 재판소의 판사는 그레고리가 스스로를 대표해서 법정에 탄원할 권리를 인정하지 않고서도 그 어머니의 그레고리에 대한 부모로서의 권리를 종료할 수 있었을 것이다. 따라서 쟁점은 아들에 대한 생물학적 부모의 권리가 절대적인지, 혹은 법원이 부모의 권리를 종료시키는 것이 아이에게 최선의 이익이라고 판단할 때 그런 권리를 법원이 그녀의 의지에 반해서 종료될 수 있는지가 아니다. 이 경우 쟁점은 12세 아이 그레고리가 스스로를 대표해 법정에 탄원해서, 법정으로 하여금 그의 이익만이 아니라 **그에게** 응답하게 할 권리를 가지고 있다고 인정받아야 하는지이다. 합리적 권위에 대한 철학적 문제의 형태로 표현하면, 쟁점은 법정이 그레고리를 합리적 행위자로 간주해야 하는지이다. 즉, 쟁점은 법원이 그를 이 문제에 대해 스스로 결정할 수 있는 합리적 행위자로 간주해야 하는지이다. 또한 법원이 그에 대한 그의 어머니의 권위를 심사하는 법원의 권위를 그에게 정당화할 필요가 있을 정도로 그를 합리적 행위자로 간주해야 하는지이다. 그레고리가 언론과 한 인터뷰와 법정에서의 그레고리의 모습을 보면 우리는 다음과 같이 말할 충분한 이유가 있다. "그렇다. 법원이 그를 이 논쟁의 직접적인 이해당사자로서 직접적으로 대할 정도로 그레고리는 충분히 성숙하며 분별 있는 사람이다."

일부 정치학자들은 아동들이 그들의 부모와 관계를 끊을 권리를 가지고 있다는 생각 — 마치 그런 권리를 가지고 있기 때문에 아동들은 아무런 제한 없이 간단하게 부모를 떠날 수 있는 것처럼 — 에 대해 논의했다. 그렇지만 그레고리 킹슬리의 사례에서 봤듯이, 그런 권리를 가진 아동들이 할 수 있는 것은 스스로를 대표하여 특정한 청원을 하고 법정이 단순히 법정이 임명하거나 인정한 보호자가 아니라 **그들에게** — 부모는 물론이고 — 응답하도록 하기 위해 법정에 설 수 있다는 것뿐이다.

이상적인 가족에서 아이들은 나이가 들면서 가족 안에서 그들의 생활을 규제하는 규칙, 관행, 판정 들을 검토해달라고 요청할 자유를 점점 더 가지게 된다. 점점 증가하는 검토 요구권은 몇 가지 중요한 진리를 인정한다. (1) 아이들은 자랄수록 스스로의 대리인으로 점점 더 잘 기능할 수 있다. (2) 자식들로 하여금 자신의 인생에 관해 더 많은 결정을 할 수 있도록 허용하는 것은 그들이 성인으로서 잘 행동하기 위해 필요한 성숙성을 개발하는 데 기여한다. (3) 자식이 수용하기를 원치 않는 부모의 결정과 가족의 관행을 검토하도록 요청하는 권리를 인정하는 것은 이러한 결정과 관행이 단지 부모가 그것들을 '법'으로 정해놓았기 때문이 아님을 함축한다. 오히려 전형 사례에서 그 법들은 부모가 그것들을 지혜롭고 옳다고 생각하기 때문에 정해진 것이다.

　사회가 부모의 권위를 다루는 것은 이상적 가족에서 부모가 자식에 대한 그들의 권위를 다루는 것과 유사해야 한다. 만일 그레고리 킹슬리가 충분히 성숙해서 스스로를 대표해서 그에 대한 어머니의 권리를 종료시키도록 청원할 권리가 있다면, 또한 그는 법원으로 하여금 법원의 판정을 그에게 내리도록 할 권리가 있어야 한다. 그저 그와 그의 이익을 대표한다고 가정되는 보호자나 대리인에게 내리지 않고 말이다. 청원권이야말로, 부모의 권위는 오로지 생물학적 관계라는 우연적 요소에 기초하지 않고, 그레고리의 부모는 그에게 올바른 것을 할 책임을 수행하고 있다는 믿을 만한 주장에 기초하고 있다는 생각을 실질적 내용으로 채워주는 것이다. 그레고리가 단순히 제삼자를 통해서가 아니라, 스스로를 대표해서 청원할 권리를 가졌다는 것은 다음 주장이 인정받았음을 보여준다. 이미 12세인 그레고리는 그의 어머니가 그에 대한 그녀의 책임을 수행해왔는지에 관해 분별 있는 판단을 할 수 있으며, 법원이 그의 청원을 거부한다면 그는 법원으로 하여금 **그에게** — 보호자에게만이 아니라 — 왜 그가 잘못인지에 대해 설명하도록 할 자격을 가지고 있다.

따라서 아동들은 현재 그들이 누리지 못하는 권리를 가진 것으로 인정받아야 하는가? 또는 그들이 현재 그 권리를 누리는 연령보다 더 어린 나이에 그것들을 누리도록 인정받아야 하는가? 나는 그렇다고 생각한다. 비록 이 장에서 나는 그 결론을 위해서 충분한 사례를 제시하려 하지 않았지만 말이다. 대신 내가 시도한 것은 훨씬 더 제한적이다. 나는 우리 사회가 아동들에게 더 많은 권리를 부여하고 점점 더 어린 나이에 권리를 부여하는 방향으로 차츰 나아가고 있다는 점을 지적했다. 그리고 나는 이런 발달을 환영하게 만드는 철학적인 이해 방식이 있음을 시사했다. 그것은 우리 사회의 권위를 **합리적** 권위로 보는 것이다. 이에 따르면, 비록 처음에는 생물학적 우연으로 권위적 위치를 차지한 사람들은, 그 자식들이 자신의 이익에 관해 분별 있는 판단을 할 수 있게 되자마자 그들의 권위 행사를 정당화할 것을 마땅히 요구받게 되며 자식들 앞에서 그것을 정당화해야 한다.

7

·····

아동기의
기억상실

일곱 살이었을 때 나는 내 기억이 얼마나 믿을 만한지에 대해 자문했다. 내가 궁금했던 것은 내가 기억한다고 생각했던 대로 사건이 실제로 일어났는지, 가령 지난번 생일에 대한 기억, 또는 첫 번째 등교 날에 대한 기억이 정확한지가 아니었다. 오히려 내가 흥미를 느꼈던 것은 내가 한 경험의 거대한 부분이 내가 깨닫지도 못한 사이에 내 기억으로부터 떨어져 나갔을 가능성이었다. 만일 내 기억이 공백gap으로 차 있다면, 바로 그 '공백의 존재gappiness'로 공백이 감춰지고 있을지 모른다. 어떻게 그렇지 않다고 알 수 있는가?

확실하게 하기 위해서, 나는 한 가지 단순한 실험을 고안했다. 아주 평범한 사건들 — 실험이 아니라면 그리 상기할 가치가 없는 사건들 — 을 의도적으로 선택해서 각 사건마다 번호를 붙였다. 그리고 시간이 흘러 사건 1, 사건 2를 상기하려 시도했다. 나는 나중에는 이 실험 전체를 잊어버릴 수도 있음을 깨달았다. 이런 방식으로 내 기억 속 공백은 내 기억 속 공백에 대한 실험을 지워버릴지 모른다. 그러나 만일 내가 나중에 그 실험을 기억할 수 있다면, 그리고 1, 2, 3 등의 번호가 붙은 아주 평범한 사건들을 조금이라도 상기할 수 있다면, 나는 깨어 있을 때의 생활이 안전하게 정말로 내 기억 기록용 책에 보관되었다는 최소한의 증거를 가질 수 있겠다고 생각했다.

그때 나는 알지 못했다. 내가 캠던 가Camden Street에 있는 작은 집 욕실에서 어머니가 고른 가장 좋은 소금과 소다의 혼합물로 이를 닦던 일곱 살짜리 아이와 같은 인격person이 되기 위해서는, 존 로크에 따르면 "〔내가〕 현재의 행위에 대해 〔가진 것과〕 같은 의식을 가지고 〔그〕 과거의 행위에 대한 관념을 반복"할 수 있어야 한다는 사실을 말이다.[1] 다만 내가 정말로 매일매일 하는 경험의 지속하는 주체인지 아닌지가, 어째서인지 내 아마추어적 실험에서 결정적인 역할을 한다는 생각은 했던 것 같다.

실험을 고안한 후 몇 달 동안 나는 다시 한 번 자의적으로 번호가 붙여진 그 사건들을 상기하기 위해 잠시 생각에 잠기곤 했다. 이런 방식으로 적어도 한 사람으로서의 나의 지속적인 존재를 확인한 것에 대해 만족했다.

나는 또한 내 기억이 과거로 얼마까지 갈 수 있는지에 대한 문제에 흥미를 느꼈다. 나의 첫 번째 기억은 무엇이었나? 초등학교 시절 언젠가 나는, 내가 기억할 수 있는 최초의 경험은 거의 네 살 무렵 1933년 시카고 세계 박람회에서 밀폐형 미끄럼틀을 타고 내려갔던 경험이라고 결정했다. 어머니는 이 사건을 특별히 중요하게 여기셨다. 어머니는 내 유년기에 종종 그러셨듯이 분명히 내가 나 자신을 돌볼 능력이 있다고 생각하셨는데, 내가 당신이 기다리던 미끄럼틀 밑에서 빨리 나타나지 않자 나를 제대로 보호하지 못한 데 대해 죄책감을 느끼셨기 때문이었다.

비록 그 사건에 대한 내 기억은 아마도 가족으로부터 그 이야기를 들은 결과 더 강해졌겠지만, 나는 실제로 시카고의 그 미끄럼틀을 내려가던 것을 자신 있게 기억하며, 지금도 그 자신감의 일부를 가지고 있다. 안내원은 나보고 손을 몸에 붙이라고 경고했으며 나는 그것을 잘 따랐다. 그러나 손을 몸에 붙인 결과 내려오다가 중심을 잃어서 뒹굴뒹굴 구르다 속도가 늦춰졌고 마침내 바닥에 있는 보도에 머리를 부딪쳤다. 보아하니 그 충격은 사건을 더 잘 기억하게 만들 만큼 충분히 강했으며 그것을 지워버릴 만큼 강하지는 않았음에 틀림없다.

왜 우리는 최초의 기억이 무엇인지에 관심을 가지는가? 아마도 내가 기억 실험을 고안했던 것과 다소 비슷한 로크의 생각과 같은 이유 때문일 것이다. 로크는 내 옷장 위에 있는 빛바랜 사진에 있는 작은 아기와 내가 같은 **인간**human being[2]이라는 사실은 가령 그 유아와 내가 같은 **인격**person이라는 사실과는 아주 다르다고 생각했다. 로크에 따르면, 같은 인간이라는 것은 그 사진에 있는 아기가 가졌던 육체의 나중 단계의 육체를 가지는 것이다. 반면 같은 인격이라는 것은 하나의 이어지는 기억 — 내 사진의 경우 어머니의 팔에 안겨 있는 기억 — 을 가지는 것을 요구한다.

실제로 그 아기의 육체가 세월이 지나면서 점차적으로 현재 나의 육체로 바뀌었다고 가정하자. 그렇다면 나는 그 아기와 같은 인간이다. 그러나 내겐 그 사진에 묘사된 것과 같이 아기로서 어머니의 팔에 안겨 있는 기억은 전혀 없기 때문에, 나는 그 사진에 있는 유아와 같은 인격일 수는 없을 것이다. 로크는 이렇게 적었다. "의식이 바로 앞선 순간의 존재와 행위를 묶을 뿐 아니라 그것이 아주 오랜 과거이더라도 그것이 확장될 수 있는 만큼 아주 먼 시간에 있는 존재와 행위를 묶어서 하나의 인격으로 만드는 것은 분명하다. 그래서 현재와 과거의 행위의 의식을 가진 것이 무엇이든지 그것들은 모두 같은 인격에 속한다."[3]

따라서 인격 동일성personal identity에 관한 로크의 기준에 따르면, 비록 나는 빛바랜 사진 속의 아기와 같은 인간일지 몰라도, 그 아기와 같은 인격은 아니다. 사실상 하나의 인격으로서, 또는 현재의 인격으로서 나는 시카고 세계 박람회에서 밀폐형 미끄럼틀을 내려오던 순간에 태어났다.

실제로 가족 앨범이나 어린 시절을 담은 가족 영화를 볼 때, 사진 속의 어린아이가 '정말로 내가 아니라는' 생각을 갖기 쉽다. 사진 속의 아이로부터 멀어지는 느낌을 갖는 이유는 사진 속에 찍힌 아이의 행동이나 경험을, 내가 했거나 경험했던 것을, 간단히 말해서, 기억할 수 없다는 로크적인 이유 때문이다. 사람들은 그 아이였던 것을 기억할 수 없다.

프로이트는 아동기의 기억상실('유아 기억상실infantile amnesia')이라는 현상에 대해 특별히 관심을 기울인 최초의 아동기 학자인 듯하다. 프로이트의 〈성에 관한 3개의 에세이Three Essays on Sexuality〉에 나오는 다음 문단이 대표적이다.

내가 생각하는 것은 특별한 기억상실로서, 그것은 모두는 아니지만 대부분 사람들의 경우 어린 시절이 처음 시작할 때부터 6세 내지 8세까지의 기억을 숨겨버린다. 지금까지 이런 기억상실의 사실에 놀라움을 느낀 사람들은 없었지만, 놀라기에 타당한 근거가 있을지 모른다. 왜냐하면 우리는 다른 사람들로부터 다음과 같이 우리가 한 일에 대해 듣고 알게 되기 때문이다. 즉 훗날에는 이해할 수 없고 단편적인 몇 개의 회상 외에는 전혀 기억하지 못하는 그 기간에, 우리는 인상에 대해 생기 넘치게 반응했으며, 인간적인 방식으로 고통과 기쁨을 표현했고, 사랑, 질투 그리고 다른 열정적인 감정을 가졌다는 증거를 보였고, 이런 감정들에 의해 우리는 강하게 영향받았으며, 심지어 성인들에 의해 판단을 위한 초보적 능력과 통찰력을 가졌다는 좋은 증거로서 간주되는 단평들을 말하기도 했다는 것이다. 그런데 우리는 성장했을 때 이것과 관련된 우리 자신에 대한 지식을 전혀 갖고 있지 않다![4]

프로이트는 이 대목에서 아동기의 기억상실을 히스테리적인 기억상실에 연결시켜서 양자에 대한 심리학적 설명을 시도한다. "결국 유아기의 기억상실 역시 아동기의 성적 충동과 관련된 것일 수는 없을까?" 하고 그는 묻는다. 그의 답은, 물론 '그렇다'이다.

프로이트는 정신분석이 현재는 접근 불가능한 아동기의 기억을 발굴할 수 있다고 주장했다. "정신분석 치료에서 우리는 언제나 아동기의 기억에 있는 공백을 채우는 과제에 직면한다. 그리고 치료가 조금이라도 성공적인 한 ─ 다시 말해, 대단히 빈번하게 ─ 우리는 또한 잊어버린 아동기의 내용에 불을 밝히는 데 성공한다."[5]

정신분석이 아동기의 기억을 파내는 데 정확히 얼마나 성공적인지는 논쟁거리이다. 그러나 추정컨대 정신분석에서 기대되는 성공은 성적인 의미를 가진 기억 — 전형적으로, 어떤 면에서 부모에 대한 성적인 매력을 포함한 기억 — 과 관련될 것이다. 이 이유 하나만으로도, 일생 동안의 정신분석을 통해서조차 유아 혹은 아주 어린 아이의 깨어 있을 때의 생활 중 오직 작은 단편만이 드러날 것으로 기대된다.

물론 곰곰이 생각해보면 우리는 어쨌든 우리 삶의 작은 단편만을 상기할 수 있음을 깨닫는다. 심지어 성인일 때의 삶, 심지어 지난달 혹은 지난주에 우리가 했던 일도 말이다. 더 생각해내려 애쓰면 나는 3학년이나 4학년 때의 선생님을 기억해낼지 모른다. 아마도 그때 학교에서의 사건을 하나나 둘 기억해낼지 모른다. 하지만 내가 매일 일어났던 것을 기억해낼 길은 전혀 없다. 매일 깨어 있을 동안의 순간은 말할 것도 없다. 따라서 비록 나를 가령 6세 이후 내 일생 중 매해와 연결시키는 기억이 있을지 몰라도, 나의 깨어 있을 동안의 경험 대부분은 기억에서 영원히 사라진다.

이 단순한 사실은 인격 동일성에 대한 존 로크의 기억 기준에 대한 가장 유명한 비판으로 이어진다. 로크가 그의 기억 기준을 발표한 지약 일 세기 후, 스코틀랜드의 철학자 토머스 리드Thomas Reid는 그것을 완전히 파괴하는 비판을 했다. 리드는 이렇게 가정해보자고 말했다. 젊어서 영웅적인 행위로 훈장을 받은 용감한 장교가 있다. 그는 소년이었을 때 과수원에서 서리를 해서 매를 맞은 적이 있다. 늙은 장군이 된 이 사람은 용감한 젊은 장교로서 훈장을 받았던 것을 기억할 수 있다고 가정하자. 또 젊은 장교는 소년이었을 때 매를 맞은 것을 기억할 수 있다. 하지만 늙은 장군은 더 이상 소년이었을 때 매를 맞았던 것을 기억할 수는 없다고 가정하자. 그렇다면 로크의 기준을 이용해 모순된 결론을 만들 수 있다. 그 늙은 장군은 어린 소년이었을 때 과수원을 서리해서 매 맞았던 그 소년과 동일한 인격이며 동시에 동일한 인격이 아니다. 동일한 인격인 이유는, 늙은 장군은 훈장을 받은 것을 기억하므로 훈장을 받은 젊은 장교와 동일인이고, 젊은 장교는 매를 맞은 것을 기억하므로 과수원의 도둑과 동일인이며, a=b이고 b=c라면 a=c이기 때문이다. 그러나 늙은 장군은 과수원 서리로 매를 맞았던 소년과 동일 인격이 아니다. 왜냐하면 늙은 장군은 청년 시절 이후로 그 사건을 기억할 수 없기 때문이다.

이러한 기준은, 모순된 결과를 낳는다는 바로 그 이유 때문에 불만족스럽다. 따라서 내 생각에 올바르게도, 리드는 로크의 인격 동일성 기준이 불만족스럽다고 강력히 권고했다.

리드의 반대에 응수하기 위해서, 몇 명의 철학자들이 인격 동일성에 대한 **신-로크식** 설명을 제안했다.[6] 신-로크식 설명에 따르면, 그 늙은 장군은 매를 맞았던 아이와 동일한 인격이 되기 위해 아이였을 때 매를 맞았던 것을 기억할 필요가 없다. 리드가 기술했던 방식으로 기억의 연쇄가 있으면 충분하다. 만일 늙은 장군이 젊은 장교로서 훈장을 받은 것을 기억하고 그 젊은 장교는 소년으로서 매를 맞은 것을 기억한다면, 이 새로운 '연결 기준'이 늙은 장군은 매를 맞았던 어린 소년과 동일한 인격이라는 결론을 만들 것이다.

실제로 '연결 기준'은 그저 과거의 에피소드와 얽힌 하나의 연결 매개intermediate link를 허용할 뿐 아니라 필요한 만큼 많은 연결 매개를 허용한다. 따라서 만일 내가 1933년 시카고 세계 박람회에서 미끄럼틀을 타고 내려간 것을 기억하고 바닥에 머리를 부딪친 것을 기억한다면, 그리고 1933년 박람회에서 미끄럼틀을 타고 내려가 바닥에 머리를 부딪친 것을 기억하는 아이가 그보다 6개월 전에 크리스마스 선물로 스쿠터를 받은 것을 기억하고, 스쿠터를 받은 아이가 또 6개월 전에 붉은 웰링턴 장화를 산 것을 기억한다면, 연결 기준에 의해 나는 내가 현재 회상할 수 있는 가장 초기의 기억보다 1년 전에 웰링턴 장화를 샀던 아이이기도 하다.

인격 동일성에 대한 이 새로운 연결 기준은 인격으로서의 나의 일생에 내가 현재 더는 상기할 수 없는 것 중 상당 부분을 — 실제로 내가 지금 상기할 수 있는 것보다 **훨씬 더** 많은 부분을 — 포함시키는 성취를 가져왔다. 다음과 같은 조건하에서 나는 A를 했던 인격이다. 만일 현재 내가 A를 했던 것을 기억한다면, 또는 내가 B를 했던 것을 기억할 수 있고 B를 했던 인격이 A를 했던 것을 기억할 수 있다면, 또는 내가 C를 했던 것을 기억할 수 있고 C를 했던 인격이 B를 했던 것을 기억할 수 있고 B를 했던 인격이 A를 했던 것을 기억할 수 있다면. 이렇게 필요한 만큼 많은 기억 연결 매개를 사용할 수 있다.

유아들의 기억에 대한 최근 연구가 시사하는 점은 다음과 같다. 만일 우리가 인격 동일성에 대해 이런 종류의 연결 기준을 사용할 경우, 표준적인 로크의 인격 동일성 기준에 따르면 확실히 잃어버렸을 초기 아동기와 심지어 유아기도 결국에는 우리의 것이 될 것이다. 한 실험에 따르면 6개월 된 유아의 기억에 남는 경험은 길게는 2년 후에까지 접근 가능하다.[7] 따라서 사건을 산발적으로 기억하는 능력은 아주 초기의 유아기까지 거슬러 올라가는 셈이다. 그러나 종국에는 우리가 성장함에 따라 아주 초기의 그 같은 산발적인 기억은 사라지는 것이 명백하다.

3세 때 발달하기 시작하는 것은 이른바 자전적 기억이다.[8] 이때쯤이면 우리는 우리의 개인적 기억에 적어도 최소한도의 '줄거리'를 만들 수 있다. 여기서 우리가 우리 삶에 관해 말할 수 있는 이야기와 무관한 것처럼 보이는 산발적인 기억들은 그냥 떨어져 나간다.

그렇다면 성인의 경우, 아동기의 대부분은 직접적 회상에선 사라진다. 아마도 그것은 '장기 기억 은행'에 한 번도 도달한 적이 없거나, 아니면 거기에 도달했지만 자전적 기억의 발달에 따라 나중에 축출되었을 수도 있다. 그러나 이 사실을 인정한다고 해서 내가 나의 아동기의 자아를 이방인으로 생각해서는 안 된다. 마치 내가 3년 전 10월 3일에 은행에 가서 계좌에서 75달러를 인출했던 사람을 이방인으로 생각해서는 안 되듯이 말이다(그는 나였다!). 그때 나는 내가 계좌에서 75달러를 인출했던 사람임을 기억할 수 없었지만, 그다음 주 나는 통장을 정리할 때 그 돈을 인출했던 것을 기억했다. 이런 식으로 나의 현재의 생활, 경험 그리고 기억을 첫 번째 경험과 연결하는 얽히고설킨 기억의 연결 집합 속에서, 다시 일주일 후 새 수표책을 주문할 때 나는 통장을 정리했던 것을 기억했다.

나의 아동기에 대한 기억도 마찬가지이다. 지금 나는 학교에서의 두 번째 날을 기억할 수 없다. 그러나 일주일 후 친구의 어머니가 내게 학교에서의 첫 번째 일주일이 어땠는지 물어봤을 때 나는 그것을 기억할 수 있었을 것이다. 비록 이미 둘째 날의 직접적인 기억은 희미해지고 있었겠지만 말이다. 여전히 그 오래된 날과 현재를 연결시켜주는 기억 연결이 존재한다.

내가 방금 말했던 것이 만족스럽다고 해서 사람들의 기억에 심리학적으로 흥미로운 공백이 있다고 가정하는 것을 막아서는 안 된다. 이 공백에는 자신의 아동기 기억에 있는 심리학적으로 흥미로운 공백도 포함된다. 아마도 기억상실에 대한 프로이트의 설명이나 혹은 다른 설명을 통해 왜 이런 공백들이 있는지 일부 이해할 수 있을 것이다. 하지만 일반적으로 우리의 아동기가 기억을 통해 우리와 관련되어 있지 않다는 주장은 맞지 않다. 따라서 일반적으로 우리는 아동기로부터 분리되었다는 느낌을 가질 이유를 가지고 있지 않다. 우리를 초기의 자아와 연결시키는 기억 연결은 뒤얽혔을지도 모르지만, 우리가 작년 또는 지난달에 또는 심지어 어제 향유했던 그날그날의 생활과 연결시키는 기억 역시 마찬가지이다.

8

아동기와
죽음

두 권의 근대 아동문학 고전이 직접적으로 죽음을 다룬다는 것을 알고 충격을 받는 어른들이 많다. 그 이유는 죽음에 대해 아이들과 토론한다는 생각 자체가 매우 듣기 거북하며 부적절하게 보이기 때문이다. 하지만 화이트E. B. White가 쓴 《샬롯의 거미줄Charlotte's Web》[1]과 내털리 배빗Natalie Babbitt이 쓴 《트리갭의 샘물Tuck Everlasting》[2]은 아동들이 정말로 좋아하는 훌륭한 책일 뿐 아니라 또한 우리의 공통적 필멸성mortality을 받아들이려는 진지한 시도이기도 하다.

《트리갭의 샘물》은 철학적 모험의 이야기이다. 액션과 놀라움으로 가득 찬 이 책은 뛰어나게 일관되고 유창하며 마음을 사로잡는 문체로, 어린 주인공인 위니에게 아동기, 성인기, 노년기, 죽음에 걸친 평범한 삶이 10세나 17세 또는 42세에서 멈춘 영생보다 훨씬 더 좋은 것임을 확신시켜준다.

열 살인 위니 포스터는 가족 소유의 숲에 있는 샘물을 마시려고 하다가 갑자기 매 터크Mae Tuck와 두 아들에 의해 납치당한다. 터크 가족은 위니에게 자신들 — 아버지, 어머니 그리고 두 아들 — 이 87년 전에 그 샘물을 마셨다가 모두 나이 먹는 것이 멈춰버렸다고 설명해준다. 매가 위니에게 말한다. "만일 네가 오늘 그것을 마셨다면, 너는 영원히 꼬마 소녀로 남을 뻔했어. 영원히 자라지 못하지, 절대로."

터크 가족은 그들 주변의 사회 속으로 들어가지 못한다. 한곳에 오래 머물 수조차 없다. "사람들이 궁금해하기 마련이거든" 하고 매 부인은 말한다.

더 기본적으로 터크 가족은 세계 속으로 들어가지 못한다. 어느 여름 저녁 보트 위에서 매의 남편 터크는 설명을 해보려고 한다. "모든 것은 바퀴와 같아. 돌고 돌면서 절대로 멈추지 않지. 개구리, 벌레, 물고기 그리고 새도 모두 바퀴의 일부야. 그리고 사람들도. 절대로 똑같지 않지. 항상 새로워지고 항상 성장하며 변하고 항상 움직이고 있어. 이것이 있어야 할 그대로의 방식인 거야."(56) 그들이 탄 보트가 꼼짝 못 하게 됐을 때 터크는 비유를 들어 말한다.

이 보트는 지금 꼼짝 못 하고 있는데, 만일 우리 스스로 보트를 움직여서 빠져나가지 않는다면, 영원히 이곳에 머무를 거야. 달아나려 하지만 꼼짝 못 한 채. 이것이 우리 터크 가족이 처한 모습이야, 위니. 꼼짝 못 하기 때문에 우리는 나갈 수 없어. 우리는 더 이상 바퀴의 일부가 아니야. 떨어져 버렸어, 위니. 뒤처졌지. 우리 주위 모든 곳에서 사물들은 움직이고 자라고 변하고 있는데 말이야. (56)

한 지점에서 불쑥 위니가 "나는 죽고 싶지 않아요" 하고 말하자 터크는 다음과 같이 응답한다.

지금은 아니야, 네 차례는 지금이 아니야. 하지만 죽음은 바퀴의 일부란다. 태어날 때 바로 옆에 있지. 좋아하는 조각들만 뽑고 나머지만 남겨둘 수는 없단다. 전체의 일부가 된다는 것은 축복이야. 하지만 그것은 우리들 터크 가족을 피해서 지나가고 있지. 산다는 것은 무거운 일이지만, 한쪽으로 떨어져서 사는 것이 우리가 사는 방식 역시 쓸모없단다. 무의미한 일이지. 만일 내가 바퀴를 거슬러서 올라가는 방법을 안다면, 지금 당장 할 거야. 죽음 없이 삶을 영위할 수는 없어. 그러니 우리가 얻은 것을 삶이라고 불러서는 안 돼. 우리는 그저 **있을** 뿐이야, **존재할** 뿐이지, 길가에 있는 바위처럼. (57)

《트리갭의 샘물》은 아동이건 어른이건 책의 독자를 진정한 인생은 시작, 중간, 끝이 있다는 결론으로 차근차근 몰고 간다. 끝없이 아동기에 사로잡히는 것과 정상적인 삶 사이의 선택이 주어졌을 때, 이 소설의 주인공은 마침내 필멸성을 선택한다. 아홉 살이건 여든아홉 살이건 독자들은 그 선택을 받아들이며, 실제로 받아들이지는 않더라도 최소한 이해는 할 것 같다.

학교 교사들과 도서관 사서들의 보고에 따르면 어린이들은 이 책을 아주 좋아한다. 틀림없이 많은 성인들이, 그중에서도 자신의 필멸성에 정면으로 마주칠 수 없었던 사람들은, 아동들을 위한 책이 이런 화제와 정면으로 마주쳐야 하거나 아동들이 그것을 읽고 도움을 받을 수 있다는 생각에 움찔한다. 하지만 이들은 틀렸다. 사실 나는 한 학교의 사서가 공적인 장소에서 부모들에게 이 책을 아이들과 토론하는 것이 가치가 있다고 증언하는 것을 들은 적이 있다. 그 사서는 '아동을 위한 위대한 책들'이란 그룹을 이끌고 있었는데 이 책 목록에 《트리갭의 샘물》이 포함됐다. 책을 토론하며 주목할 정도로 개방적이고 사색적이었던 아동들은 특히 자신의 부모가 그 책에 어떻게 반응을 보였는지를 듣는 데 흥미를 느꼈다. 그들은 부모가 죽음에 관해 무엇을 말해야 하는지 알지 못했다. 왜냐하면 그 화제는 가정에서 결코 논의되지 않았기 때문이었다. 결국 부모들은 자식들에게 그들 자신의 공포와 불안을, 특히 그처럼 지혜로운 이야기에 대한 반응의 일부로, 털어놓게 되도록 자극받은 점을 고마워했던 것 같았다.

《샬롯의 거미줄》의 인기는 어떤 면에선 《트리갭의 샘물》의 인기보다 훨씬 더 놀라운 일이다. 책에는 다음과 같은 구절들이 있기 때문이다.

죽음에 대한 생각이 떠오르자 윌버는 떨기 시작했다.
"샬롯?" 그가 부드럽게 말했다.
"응, 윌버?"
"나는 죽고 싶지 않아."
"물론 죽고 싶지 않을 거야" 하고 샬롯은 위로하는 목소리로 말했다. (62)

확실히 윌버는 단지 돼지일 뿐이다. 그리고 샬롯은 그저 거미일 뿐이다. 하지만 이 이야기를 여기까지 읽은 사람은 누구이건 틀림없이 이 동물들과 동화됐을 것이다. 마치 그들이 인간인 것처럼. 농가의 마당 배경과 동물들이 단순히 동물이 아니라 말하는 동물이라는 사실 때문에 틀림없이 우리는 필멸성 또는 최소한 "현실 세계"의 필멸성이라는 주제로부터 다소 멀어진다. 그 이야기의 본질은 결국에는 말하는 돼지의 필멸성과 말하는 거미의 필멸성이기 때문이다.

소설 속에 등장하는 동물들은 '현실 세계'와 다소 멀리 있지만, 그럼에도 불구하고 완전히 멀리 있지는 않다. 자신들이 처한 상황에 관해 말할 때 드러나는 매력적인 단순명쾌함은 인간의 삶과 죽음에 대한 유비를 오해의 여지가 없게 만든다.

성장할 무렵 우리 중 대부분은 윌버의 말과 아주 비슷한 말을 스스로 하든지 아니면 누군가로부터 듣게 된다. 내가 대학원에 다닐 때 베를린 출신의 교환학생이었던 내 친구 클라우스가 했던 말이 기억난다. 어느 날 밤 그는 수학과 대학원생이었던 인도 출신의 샨티 때문에 잠이 깼다. 샨티는 내 지인이기도 했다.

"무슨 일이야?" 하고 클라우스가 졸음을 참으면서 말했다.

"나는 죽고 싶지 않아" 하고 샨티가 말했다.

클라우스는 이차 세계대전 중 러시아 전선에 배치된 독일군 부대에서 위생병으로 복무했었다. 그 기간을 《전쟁과 평화》에 나오는 안드레 왕자의 전투 경험에 대한 톨스토이의 묘사와 생생하게 비교하며 내게 경험담을 들려준 적도 있었다. 클라우스 자신도 샨티의 생각과 같은 생각을 많이 했었다.

"물론 죽고 싶지 않을 거야" 하고 클라우스는 샨티에게 말했다.

《샬롯의 거미줄》에서 샬롯은 친구인 윌버를 위로하는 것 이상을 한다. 샬롯은 윌버를 유명한 돼지로 만들어줌으로써 그를 도축당하는 것으로부터 구해준다. 샬롯은 거미줄에 윌버를 축하하는 메시지를 써놓음으로써 윌버를 구해준다. 화이트는 작가는 때로 등장인물들을 그들의 창조자의 삶보다 더 오래 살게 만드는 능력을 가지고 있다는 것을 이 이야기의 독자들에게 분명히 알린다.

이 이야기가 가슴 아픈 이유는 샬롯이 처음부터 자신은 여름이 끝날 때 죽게 될 운명이라는 점을 깨닫고 있었다는 감동적인 아이러니 때문이다. 힘이 점점 약해지면서 샬롯은 마지막 힘을 다해서 거대한 알주머니를 만들어내는데, 이것이야말로 일종의 영생을 위한 그녀의 유일한 희망이다.

《샬롯의 거미줄》은 생명을 위협하는 질병이나 죽음에 대한 경험을 전혀 해보지 못한 아이들에게서 인기가 높다. 그러나 미라 블루본드-랭너Myra Bluebond-Langner가 백혈병에 걸린 아이들을 다룬 선구적인 저서 《죽어가는 아동들의 사적 세계The Private Worlds of Dying Children》에서 보고하듯, 불치병과 싸우는 많은 아이들의 삶에서도 특별한 위치를 차지한다.

이 아이들에게서 가장 인기 있는 책은 《샬롯의 거미줄》이다. 메리와 제프리가 5단계〔자신의 질병에 대해 완전히 알게 되는 단계〕에 도달했을 때, 그 책은 그들이 읽는 유일한 책이었다. 5단계에 도달한 여러 아동들은 죽어갈 때 그 책의 몇 장들을 읽어달라고 부탁했다. 그러나 한 부모가 말했듯이 "아이들은 절대로 행복한 장을 선택하지 않았다." 그들은 항상 샬롯이 죽는 장을 선택했다. [소아과의 종양 병동에 있는] 아이들 중 누구든 사망한 후에는, 다른 아이들 사이에서 책의 인기가 크게 높아졌다.[3]

논문집《아동과 의료 서비스: 도덕적 그리고 사회적 쟁점들Children and Health Care: Moral and Social Issues》에서, 두 명의 철학자 로절린드 에크먼 래드Rosalind Ekman Ladd와 로레타 코플먼Loretta M. Kopelman은 이 책이 백혈병으로 죽어가는 아이들에게 왜 그렇게 인기 있는지와 그들이 그 책으로부터 어떤 교훈을 얻는지를 탐구한다.[4] 래드에 따르면 "이 책이 전체로서 가지고 있는 중심적인 가치는 이런 것이다. 자연적인 것이 선이며, 자연적이며 자연에 따르는 죽음은 좋은 죽음이고 수용되어야 하지만, 부자연스러운 죽음은 나쁜 죽음이며 저항해야 한다." (109) 이에 따르면, 위버를 고기를 위해 도축하려는 훗날의 위협뿐 아니라, 윌버가 무녀리이기 때문에 죽이려는 최초의 위협은 모두 나쁘며 따라서 거기에 저항해야 한다. 그러나 거미의 정상적인 수명의 마지막에 오는 샬롯의 죽음은 좋은 것이며 수용되어야 할 것이다.

래드는 샬롯의 죽음이 좋은 죽음인 몇 가지 이유들을 찾아내려고 시도한다.

샬롯은 자신에게 무엇이 일어나고 있는지를 알고 있다. 그것을 위한 계획을 세우고 알을 낳고 그것에 관해 친구들과 이야기하며 작별 인사를 한다. 그녀의 죽음을 둘러싼 평화는 상당 부분이 그녀의 예지와 계획 때문이다. 거미의 수명은 바뀔 수 없지만, 샬롯은 여전히 자신의 죽음의 몇 측면들에 대해 선택할 수 있다. 그녀의 첫 번째 커다란 선택은 윌버와 함께 축제에 가는 것이다. 비록 그것은 그녀가 집에서 죽지 않고 거기에서 죽을 것임을 뜻할지라도 말이다. 다음으로 그녀는 윌버를 돕기 위해 거미줄로 글자를 짜는 일로 마지막 날들을 보내기로 선택한다. (115)

래드가 지적하듯이, 가족과 의료진은 죽어가는 아이들이 자신의 죽음을 '좋은 죽음'이라는 샬롯의 모델과 더 비슷하게 만들 선택권을 행사하도록 도울 수 있다. 그러나 물론 죽어가는 아이는, 또는 심지어 불치병을 앓고 있는 아이도, 여러 가지 다양한 방식으로 아이의 죽음에 관해 자연스러운 것은 아무것도 없다고 배울 것이다.

로레타 코플먼은 래드에 대한 응답으로 《샬롯의 거미줄》을 악의 문제에 대한 하나의 반응으로 해석한다("만일 창조주가 선하고 전지하며 전능하다면, 왜 아무 죄 없는 사람이 고통을 겪으며 일찍 죽어야 하는가?", 126). 그녀는 화이트의 이야기에 대한 반응을 플라톤의 반응과 비교한다.

플라톤과 화이트는 고통을 겪는 것과 이 세상의 악을 다르게 그리는 것 같다. 플라톤에게 고통, 때 이른 죽음, 그리고 손실은 세계로부터 제거될 수 없다. 왜냐하면 그것들은 존재하는 것의 일부이기 때문이다. 혼돈의 세계를 진정한 선과 정의의 개념에 완전하게 적합하도록 만드는 방법은 없다. 누구도 비난받아선 안 된다. 이것은 유한성의 필연적 특징이다. 그러나 화이트의 《샬롯의 거미줄》에서 제안된 그림은 세계는 가능한 한 최대로 선할 뿐 아니라(플라톤도 동의할 견해이다), 올바른 관점으로 보면 악은 목적을 가지고 있거나 환상에 불과한 것으로 사라진다는 것이다. (126-127)

자신의 해석을 뒷받침하기 위해 코플먼은 이야기의 끝에서 두 번째 단락을 인용한다.

주커만 씨는 그의 여생 동안 월버를 잘 돌보아주었고 월버는 친구들과 숭배자들의 방문을 자주 받았다. 어느 누구도 그가 승리했던 해와 〔샬롯의〕 거미줄의 기적을 잊지 않았기 때문이다. 외양간에서의 생활은 아주 좋았다. 아침과 저녁, 겨울과 가을, 봄과 가을, 흐린 날과 맑은 날 모두 좋았다. 월버는 그곳이 거주하기 가장 좋은 곳이라고 생각했다. 따뜻하고 맛있는 지하 저장고, 수다쟁이 거위들, 계절의 변화, 태양의 열, 제비들의 통로, 근처의 쥐들, 똑같이 생긴 양들, 거미들의 사랑, 거름의 냄새, 그리고 모든 것이 영예로웠다. (*Charlotte's Web*, 183)

계속해서 코플먼은 죽어가는 아이들이라는 특수한 악에 대한 두 가지 반응을 비교한다.

플라톤은 자연은 '오염'되어 있으며 고통과 아픔은 그저 유한성의 조건의 일부라고 시사한다. 아파서 고통을 겪는 아이는 자연에 의해 "불운을 겪는다." 그렇지만 화이트는 다른 견해를 제안하는데, 그것이 죽음에 직면한 아이들이 왜 《샬롯의 거미줄》에서 위안을 받는지를 설명해줄 수도 있다. 이 이야기에서도 공포가 표출되지만 우리는 다음에 의해 위안을 받는다. 모든 것이 가능한 한 가장 선하며, 악과 고통은 필연적인 것으로 설명되며, 죽음은 고통스럽지 않으며, 죽을 필요가 없는 사람들(월버)은 구원을 받는다. 사람은 버려지지 않는다. 왜냐하면 사람은 '결코 친구가 없을 수 없기' 때문이다. 죽어가는 사람(샬롯)은 중요하며, 선하며, 현명하다. 그녀는 선한 친구로서 그리고 성공한 사람으로서 사랑받으며 기억된다. 재탄생과 지속성이 발견된다. "봄마다 새로운 아기 거미가 있었다." (127)

중병에 걸린 아이들과 악의 문제를 토론하는 부모나 의료진은 많지 않으리라고 생각한다. 따라서 그 문제에 대한 아이들의 중요한 반응 중 적어도 하나를 이야기의 형태로나마 읽을 수 있다는 것은 좋은 일이다.

틀림없이 이 모든 논의는 어린아이들의 능력과 반응을 감상적으로 과대 해석한 데 기초한다고 항의하는 사람들이 있을 것이다. 이들은 발달심리학자들이 어린아이들은 죽음에 대한 적절한 개념을 가지고 있지 않다는 것을 보여줬다고 주장할 것이다. 그러므로 불치병에 걸린 어린 아이들은 자신이 직면한 위협을 이해할 수 없으며 따라서 그것을 악의 문제의 징후로서 토론할 능력이 없다고 말이다.

수전 캐리Susan Carey는 《아동기의 개념적 변화Conceptual Change in Childhood》에서 "죽음에 대한 아이들의 이해에 관한 임상적 문헌이 상당히 많이 있다"라고 보고한다. 그리고 모든 저자들이 "죽음에 대해 아이들이 이해하게 되는 세 시기에 동의한다"라고 보고한다(60).[5] 이렇게 캐리는 발달론자들의 문헌에서 죽음에 대한 아동의 이해의 첫 번째 단계가 다뤄지는 모습을 요약한다.

5세와 그 미만의 아동들에 특유한 이 첫 번째 시기에, 죽음의 개념은 잠과 떠남의 개념과 동화된다. 죽음이 가진 정서적 의미는 아이들이 그것을 슬픈 이별 혹은 궁극적인 공격 행위로 보는 것에서 생겨난다. … 이 시기에 죽음은 최종적인 것도 아니고 불가피한 것도 아닌 것으로 간주된다. 사람이 잠에서 깨어나거나 여행으로부터 귀환하는 것처럼 사람은 죽음으로부터 귀환할 수 있다. 아동들은 잠 속에서처럼 죽음에서도 감은 눈과 부동성을 연상하지만, 기능의 중지의 전체성을 파악하지는 못한다. 또한 아동들은 죽음의 원인을 이해하지 못한다. 비록 질병이나 사고를 언급할지 몰라도, 질병이나 사고에서 죽음으로 이르는 기제를 상상하지는 못한다. (60)

그리고 다음 단계에 대한 캐리의 요약은 이렇다.

죽음에 대한 아동의 이해에서 두 번째 단계(초기 초등학교 시절)는 과도기적이며 연구마다 다르게 특징지어진다. 모든 저자들은 이제 아동들이 죽음의 최종성을 이해한다는 데에, 그리고 죽은 사람이 더 이상 존재하지 않는다는 의미를 이해한다는 데에 동의한다. 그러나 아동들은 여전히 죽음이 외부 동인에 의해 야기된 것으로 본다. … 아동들은 아직 죽음을 외부 사건의 결과로서 육체 안에서 일어난 것으로 개념화하지 못한다. (61)

그리고 세 번째 단계는 이렇다.

마지막 단계에서 아이들은 죽음을 불가피한 생물학적 과정으로 본다. 죽음에 대한 이런 견해는 9세나 10세 때쯤 분명해진다. 죽음의 원인에 관한 질문에 대해 슬기로운 12세 아이는 이렇게 답했다. "심장이 멈추면 피는 순환을 멈춰요. 사람은 숨쉬기를 멈추고 그러면 그걸로 끝이에요. …

글쎄요, 죽음이 시작되는 많은 이유가 있지만, 이것이 실제로 일어나는 일이에요." (64)

이것이 아동이 죽음을 이해하게 되는 단계라는 주장에 대해 사람들이 다양한 난점을 제기하리라는 것은 틀림없다. 그러나 분명한 것은 만일 이 설명이 대략적으로라도 정확하다면, 악의 문제의 징후로서 아동의 죽음에 대해 토론하는 것은 말할 것도 없고, 죽음에 대해 가령 9세 미만의 아동들과 토론할 만한 이유는 전혀 없는 셈이다. 왜냐하면 더 어린 아동들은 죽음의 최종성을 이해하지 못할 것이기 때문이다.

아이들을 포함해서 거의 모든 환자들을 치료할 때 중요한 윤리적 쟁점들 중에 **정보 공개**disclosure가 있다. 의사들은 환자들에게 진단 결과와 예후에 대해 얼마나 많이 말해야 하는가? 아동들이 죽음에 대한 적절한 개념을 어떻게 습득하는지에 관한 표준적인 발달론은 다음을 시사한다. 생명을 위협하는 병이나 사고를 겪고 있는 1단계 및 2단계 아동들에게, 정보 공개는 간단하게 말해서 전혀 쟁점거리가 아니다. 왜냐하면 이 환자들은 죽음에 대한 원생-개념proto-concept만을 가지고 있으며 따라서 생명을 위협하는 병이나 사고에 의해 제기된 위협에 대해 오직 결함 있는 이해만을 하고 있기 때문이다. 그들은 간단히 말해서 자신에게 공개된 상황의 심각성을 아는 인지적 위치에 있지 않다. 아마도 의료진은 이 아이들의 공포를 다루기 위해서 공포증을 잃는 성인들을 다루는 방식을 사용할 필요가 있을 수 있다. 하지만 이 환자들은 분명히 자신에게 전달된 진정한 상황을 이해할 인지적 능력이 없음에 틀림없다.

이와 관련된 쟁점이 **의사결정**decisionmaking이다. 심하게 다치거나 아픈 아동은 치료와 관련한 결정에서 어떤 역할을 — 만일 그런 역할이 있다면 — 맡아야 하는가? 비록 치료에 대한 동의가 아동 환자들에게 법적인 요구 사항은 아니지만, 아동이 인격으로 존중받아야 할 권리가 있다면, 아마도 의사결정 과정에서 어느 정도로건 관여하는 것이 **도덕적으로** 요구될 것이다. 하지만 어느 정도의 관여인가?

표준 발달론이 이 쟁점과도 연관된 것은 분명한 듯하다. 자신이 받을 치료에 대해 결정할 때 조금이라도 유의미한 역할을 하기 위해선, 당사자는 자신의 병이나 부상의 심각성을 약간이나마 이해해야 하며 치료의 성공과 실패가 어떤 결과를 낳을지에 대해 상당히 잘 알고 있어야 한다. 죽음에 대해 제한적이거나 결함 있는 개념을 가진 아동은 간단히 말해 생명을 위협하는 병이나 부상의 심각성을 이해할 단계가 아니며 따라서 최선의 치료 과정을 선택할 때 어떤 합리적인 역할을 수행할 수 없다.

아동들이 죽음에 대한 개념을 어떻게 발달시키게 되는지에 관한 표준 발달론은 이처럼 9세 미만의 아동에게 (1) 진단과 예후의 정보 공개와 (2) 치료에 대한 동의 모두와 관련해서 완전하게 온정주의적인paternalistic 접근을 보증하는 듯하다. 사람들은 아동 환자들을 다룰 때, 비록 환자들의 스트레스를 최소화해야 하지만 환자들의 자율성을 존중할 필요는 없으며, 실제로 존중**할 수가 없다**고 생각하도록 권장된다.

아동 환자들을 위한 의료적 온정주의를 아무런 거리낌 없이 받아들이기 전에 '죽음의 개념'에 대한 연구가 이루어졌던 아동들의 경험에 대해서 숙고할 가치가 있다. 그들 중 많은 아이들이 죽음과 관련해서

했던 경험은 애완동물의 죽음이다. 심지어 연구 대상이었던 연령대의 아이가 가족의 죽음을 경험했다 하더라도 그것은 부모나 형제의 죽음이 아니라 조부모의 죽음이었을 가능성이 크다.

물론 이 연령대의 아동들 중에 부모, 형제 또는 친한 친구를 잃었던 아동도 있다. 그리고 자기 자신이 생명을 위협하는 사고나 불치병을 겪은 아이들도 있다. 실제로 진단의 정보 공개나 의사결정에서 그들이 포함되어야 하는지 또는 얼마나 많이 포함되어야 하는지 물을 때 우리가 집중했던 집단은 이 마지막 집단의 아동들이었다. 그러나 이 사례들은 예외적이기 때문에 아동들이 죽음의 개념을 어떻게 얻는지를 규명할 때 중요한 역할을 하지 못할 것이다. 우리는 특히 표준 발달론이 그 사례들에 적용되는지를 물을 필요가 있다.

이와 관련해서 미라 블루본드-랭너가 《죽어가는 아동들의 사적 세계》에서 했던 연구가 특히 주목을 끈다. 블루본드-랭너가 연구했던 아동들은 극심한 림프성 백혈병 환자들이었다. 그녀가 연구하던 1971년에서 1972년 당시에는 이 병에 걸린 환자들의 예후는 거의 절망적이었다. 그녀의 연구에 포함된 50명의 환자 중 32명이 '정보원'이었고 18명이 '일차 정보원'이었다. 이 아이들의 나이는 3세에서 9세이었다. 18명의 일차 정보원 중에서 9개월간의 연구 끝까지 생존했던 아이들은 6명이었다. 약 5년 후 블루본드-랭너가 자신의 책을 완성할 때쯤엔 아무도 살아 있지 않았다.

블루본드-랭너의 연구로부터 드러나는 것은 이렇다. 이 아동들은 앞으로 닥칠 죽음의 시작을 이해하고 대처함에 있어서 식별 가능한 단계들을 거쳐 갔으나, 이 단계들은 불치병에 대한 그들의 일생 동안의 경험과 연관이 있었지 나이와는 전혀 연관이 없었다. 다음이 블루본드-랭너가 식별했던 단계들이다.

아이들은 처음으로 '그것'(모든 아이들이 질병의 이름을 알고 있지는 않았다)이 심각한 병이란 것을 알았다[1 단계]. 이때 그들은 또한 약의 이름과 부작용에 관한 정보를 축적했다. 2단계에 도달했을 때에 아이들은 무슨 약이 언제, 어떻게 사용되며 어떤 결과를 낳을지에 대해 알았다. 3단계의 징표는 약이 부작용을 일으킬 경우 필요할 약과 부가적인 치료의 시행을 위한 특별 절차에 대한 이해였다. … 그러나 아이들은 각 절차와 각 치료를 독립된 사건으로 보았다. 4단계에 이르러서야 비로소 아이들은 치료, 절차, 증상을 더 큰 관점 안에서 결합할 수 있었다. 이때쯤 아이들은 질병의 전반적인 과정에 대해 생각하게 되었다. 병은 악화되다 차도가 있다 하며, 똑같은 방식으로 재발할 수 있으며, 약이 있을 경우 약이 효과가 있더라도 항상 예정만큼 오래 지속되는 것은 아니라는 것 등에 대해서 생각하게 되었다. 그러나 5단계에 이르러서야 비로소 아이들은 이 순환이 죽음으로 끝난다는 것을 알게 되었다. [이때] 그들은 약을 무한히 사용할 수는 없으며 약이 더는 효과가 없어질 때, 죽음이 임박해진다는 것을 깨달았다. (167)

물론 이 과정에서 5단계에 이른 아이는 누구라도 죽음을 모든 생리적 기능의 되돌릴 수 없는 중지로 이해했다. 그 단계에 도달한 모든 아이는 죽음이 자신에게, 비현실적인 미래의 어떤 때가 아니라 곧 닥칠 것임을 알았다. 이처럼 블루본드-랭너의 연구에서 백혈병에 걸린 모든 아이들 중 5단계에 도달한 아이들은 표준적 발달론 설명의 마지막 단계 안에 있는 개념의 모든 요소를 포함해 죽음의 개념을 가진 것이다.

블루본드-랭너의 단계들은 피아제적인 것으로 생각될 수 있다. 한 가지 결정적인 특징, 즉 아이들의 실제 연령과 전혀 관계가 없다는 것을 제외하곤 말이다. 이 특징은 또한 그녀의 설명을 표준 발달론과 어긋나게 한다.

블루본드-랭너는 아이의 경험의 중요성을 이렇게 설명한다.

사회화 과정에서 경험을 겪은 상황을 보면, 왜 아동이 통상적이지 않은 기간 동안 다음 단계로 나아가지 않고 특정 단계에 머무는지를 밝히는 데 도움이 된다. 예를 들어 톰은 1년 동안 4단계에 있었던 데 비해 제프리는 단지 1주일간 4단계에 있었다. 5단계로 이르게 하는 길은 다른 아이의 죽음을 알리는 소식인데, 톰이 4단계에 도달한 후 아무도 죽지 않았기 때문에 그는 5단계로 갈 수 없었다. 제니퍼는 그해 죽은 첫 번째 아이였다. 그녀가 죽었을 때 4단계에 있던 모든 아이들은 얼마나 오래 4단계에 있었는지와는 관계없이 5단계로 나아갔다.

또한 인식awareness의 발달에 있어서 경험의 역할은 왜 연령과 지능이 아이들이 단계들을 통과할 때 보여준 속도나 완전성과 관련되지 않는지를 설명했다. 평균 지능을 가진 몇몇 세 살 내지 네 살 아이들은, 아주 똑똑한 몇몇 아홉 살짜리 아이들 — 첫 번째 차도를 보이는 기간 중이었으며 병원을 덜 방문했고 따라서 경험이 더 적었다 — 보다 예후에 관해 더 많이 알았다. (169)

아이들이 죽음의 개념을 어떻게 습득하는지에 관한 표준 발달론의 설명은 다른 불치병에 걸린 아이들과 함께 병동에 있는 불치병에 걸린 아이들과는 분명히 무관하다. 아마 이런 발견으로부터 다음의 결론을 추정할 수 있다. 우리가 한쪽 끝에는 **직접적으로 죽음을 전혀 경험하지 못한 아이들**을 배치하고, **다른 쪽 끝에는 불치병에 걸린 다른 아이들과 함께 치료 프로그램에 있는 불치병에 걸린 아이들**을 연속선 위에 배치한다면, 대다수 아동들의 경험은 이 두 극단의 사이 어딘가에 배치될 것이다. 하지만 그들 중 대부분은 전자 쪽에 더 가까울 것이다.

아이들이 죽음 개념을 어떻게 습득하는지에 관한 표준 발달론의 설명은 기껏해야, 생명을 위협하는 사고나 질병에 대한 '정상적' 경험의 범위 안에 있는 아동들, 즉 그런 경험에 대체로 무지한 아동들에 대해서만 만족스럽다. 그러므로 그것은 우리가 불치병을 앓는 아이에게 절망적인 예후를 알려줘야 하는지 또는 치료 방법을 정할 때 아이들에게 참여를 요청해야 하는지에 관한 윤리적 쟁점과는 또한 무관하다.

실제로, 불치병을 앓는 아이들에게 예후를 알려주고 치료 방법을 정할 때 아이에게 참여를 요청함으로써 자율성을 진정으로 존중하면서 치료하는 것이, 아이들이 정신적으로 건강해지고 중증 우울증을 피할 가능성을 극적으로 증가시킨다는 증거도 있다.[6]

임박한 죽음의 가능성에 직면한 아동들은 바로 그 이유 때문에 우리에게 말하고 우리와 함께 논의할 중요한 것들을 가지고 있음에 틀림없다. 우리가 그 이야기를 듣고 공유할 만큼 충분히 강하기만 하다면 말이다. 그러나 그런 아이와 토론을 하기 위해서는 아이에 대한 개방적 태도는 물론 우리 어른도 다루기가 아주 어려운 죽음에 관한 생각에 대한 개방적 태도 모두가 필요하다. 심지어 《샬롯의 거미줄》과 《트리갭의 샘물》과 같은 훌륭한 이야기의 도움을 빌려도 말이다. 회복 불가능할 정도로 다치거나 아픈 아이는 부모로서 우리가 가진 허세에 대한 궁극의 위협이다. 만일 우리가 그 위협을 정직하게 다루고 그 아이들을 사랑으로서만이 아니라 존중하면서 다루는 방법을 배울 수 있다면, 우리는 우리 자신의 성숙성을 향한 발달의 도정에서 중요한 발걸음을 내딛게 될 것이다.

9
....

아동을 위한
문학

아동을 위해 어른이 쓴 이야기는 불가피하게 '거짓'인가? 그렇게 생각하는 사람들이 있다. 재클린 로즈Jacqueline Rose의 책《피터 팬의 사례The Case of Peter Pan》의 부제는 '아동 소설의 불가능성'이다.[1] 로즈는 이렇게 쓴다. "아동 소설은 불가능하다. 그것이 쓰일 수 없다(이 말은 난센스이다)는 의미에서가 아니라, 그것이 불가능성에 의존한다는 의미에서이다. … 성인과 아동 사이의 불가능한 관계가 그것이다."(1)

로즈가 생각하기에 아동문학 속에서 성인과 아동 사이의 관계가 불가능한 이유 중 하나는 성인 작가와 아동 독자 사이의 '관계 결렬 혹은 단절'이다. "아동 소설은 아동을 소설 자체의 과정에서 국외자로 설정하며, 그러고는 염치없이도 아동을 **안으로** 끌어들여(아동을 속여서 소설 내용을 믿게 만든다는 의미를 함축한 것으로 보임 —옮긴이) 것을 목표로 한다."(2)

물론 모든 소설은 한 가지 분명한 면에서 '독자를 믿게 만드는' 것을 목표로 한다. 소설 작가들은 이야기를 꾸며내는 이야기꾼들이며, 꾸며낸 이야기를 마치 실제로 일어났던 것처럼 이야기한다.

적어도 성인 독자들이 믿게 되는 일이 거의 없다고 항의할 수도 있다. 이러한 항의는 다음과 같은 점을 의미할 것이다. 아동들은 사실과 허구 사이의 일반적인 구분에 관해, 그리고 주어진 이야기가 사실인지 아니면 허구인지에 관해 훨씬 덜 분명한 반면, 성인들은 사실이 아니라 허구를 읽고 있다는 것을 보통 알고 있다.

나는 아동들이 그들이 읽는 이야기나 그들에게 낭독된 이야기를 대체로 정말로 '믿게 된다'는 생각을 전혀 확신하지 못한다. 최소한 나는 많은 아이들이 허구의 이야기에 있는 사건들이 '정말로 일어났다'고 생각한다는 점을 확신하지 못한다. 어쨌든 로즈를 가장 흥미롭게 한 것은 아이들로 하여금 순전히 허구적인 것을 사실이라고 생각하게 만듦으로써 그들을 믿게 만들려고 하는 것이 아니다. 그녀는 이상적인 아이에 대한 성인의 건강치 못한 취향 — 무의식적이고 억압된 방식으로 성적일 수 있는 취향 — 이 아동 소설이 반영될 수도 있다는 점에 더 관심이 있었다.

나는 일반적으로 소설 작가들에게서 또는 특수하게는 아동을 위한 소설 작가들에게서 발견되는 동기의 복잡성을 전혀 폄하하고 싶지는 않다. 좋은 작가들은 예술가이며, 우리 모두 알다시피 예술가들은 심리학에서 가장 매력적인 대상 중 하나이다. 그러나 모든 또는 심지어 대부분의 아동 소설 작가들이 다른 유형의 소설 작가들보다 더 복잡한 또는 더 미심쩍은 동기를 가지고 있다는 생각에 대해선 의혹을 품어야 한다고 나는 생각한다.

아동문학 작가들과 그들이 쓴 이야기에 관한 로즈의 강한 의혹을 위스턴 오든의 도발적인 평을 대조해보는 것이 유익하다. 오든은 이렇게 썼다. "오직 성인들만을 위한 좋은 책들이 있다. 왜냐하면 그 책들을 이해하기 위해서는 성인의 경험이 전제되기 때문이다. 하지만 오직 아동들만을 위한 좋은 책들은 없다."[2] 오든이 아동에게 좋은 책은 이해나 감상에 성인의 경험이 필요 없는 책이라고 한 점은 의심의 여지 없이 옳다. 또한 좋은 아동 도서는 독자가 그것을 감상하기 위하여 성인의 경험이나 교양이 **없을** 필요가 없다고 주장한 점에서도 나는 오든이 옳다고 생각한다. 그리고 이 사실은 매우 중요하다.

만일 아동들을 위한 좋은 책이 성인의 경험이나 교양을 전제하지 않는 그저 좋은 책일 뿐이라면, 아동문학에서 작가와 독자 사이에 '단절'이 있을 필요가 없다. 이것이 어떻게 가능할 수 있는가? 아동들만큼 어른들도 완전히 이해할 수 있는 책들이 어떻게 있을 수 있는가? 이것이 가능한 유일한 방법은 책이 어리고 순진무구했던 시절에 대한 어른들의 향수를 충족시키는 것이라고 가정할 수 있다. 만일 이것이 옳다면, 좋은 아동 도서는 또 다른 이유로 거짓이어야 할 것이다. 그것은 성인 독자들로 하여금 그들이 다시 아이들인 척하라고 권장해야 할 것이다.

아동 도서가 성인들의 향수에 자주 호소하는 것은 틀림없다. 이 향수는 다양한 형식을 취할 수 있다. 그것은 자신의 아동기에 대한 향수일 수도 있다. 아마도 아이였을 때 그 이야기나 비슷한 이야기들을 들었던 것을 상기함으로써 유발된 향수일 수 있다. 또는 자신의 아동기를 상기시켜준 것은 그 이야기의 등장인물들이나 상황에 관해 생각함으로써 떠오른 향수일 수 있다. 또는 향수는 그저 더 단순하던 세계 — 아이의 눈에 나타나는 세계 — 에 대한 동경일 수도 있다.

지난 장에서 나는 우리의 공통적 필멸성에 관한 실존적 쟁점들을 다룸으로써 아이들뿐 아니라 성인들에게도 호소하는 두 권의 고전적인 아동 소설에 대해 논의했다. 내털리 배빗의 《트리갭의 샘물》과 화이트의 《샬롯의 거미줄》은 진정으로 철학적인 방식으로, 즉 나이가 많건 적건 우리 독자들로 하여금 죽음의 의미에 관해 새롭게 깊이 생각하게 권장함으로써 가장 무서운 쟁점인 죽음을 다룬다.

아놀드 로벨의 훌륭한 모음집인 《개구리와 두꺼비와 함께*Frog and Toad Together*》에 있는 〈꽃밭 가꾸기 The Garden〉라는 이야기를 살펴보자. 이 이야기에서 두꺼비는 친구인 개구리의 뒤를 따르려고 개구리의 정원에 씨를 심는다. 씨가 금방 싹이 나지 않는다는 것을 깨닫고 흙 위에 있는 싹들을 발견한 후, 두꺼비는 씨들에게 자라라고 소리를 지른다. 개구리는 두꺼비가 씨를 놀라게 하고 있다고 말한다. 두꺼비는 씨앗을 놀라게 했다는 생각에 겁이 나, 씨앗을 위로하기 위해 주위에 초를 켜 놓는다. 씨들을 위해 노래를 부르고 시를 읽고 음악을 연주한다. 별별 노력에도 불구하고 눈에 띄는 결과가 나타나지 않자, 두꺼비는 애통해한다. "이 씨앗은 세상에서 가장 겁 많은 씨앗임에 틀림없어." 두꺼비는 탈진해서 잠에 빠진다.

개구리는 두꺼비를 깨워서 씨에서 드디어 싹이 나기 시작했다는 기쁜 소식을 전한다. 당연히 두꺼비는 기뻐하면서 안도한다. 두꺼비는 이마를 닦고 한숨을 쉬며 탄식하듯 말한다. "하지만 네가 옳았어, 개구리야. 그 일은 아주 힘들었어."

이 이야기를 모든 연령의 독자들에게 읽어준 나 자신의 꽤 폭넓은 경험으로부터, 나는 이것이 즉각적이며 지속적인 호소력을 가지고 있다는 것을 증언할 수 있다. 두꺼비의 진심 어린 순진함은 우리를 당연히 감동시킨다. 그리고 네 살이건 70세건 우리는, 개구리가 약간 머리가 둔한 친구를 도와주기 위해 애쓰는 모습을 보고 자연스럽게 공감한다. 그러나 이 이야기꾼의 진정한 천재성은 맨 마지막 대화에서 드러난다. "네가 옳았어, 개구리야. 그 일은 아주 힘들었어." 이 대화를 듣고 세 살에서 83세에 이르는 모든 사람이 감탄 어린 미소를 지으면서 웃는다.

이 농담은 심오하다. 씨한테 노래를 불러주고 씨를 위해서 바이올린을 켜주거나 시를 읽어주면 씨가 싹이 나서 자랄 것이라고 생각하는 독자나 청자는 실제로 아무도 없다. 그런데 왜 그렇지 않은가?

이 이야기는 비형식 논리학 시간에 교사들이 라틴어로 포스트 호크 에르고 프로프테르 호크*post hoc, ergo propter hoc*('이것 이후에, 그러므로 이것 때문에')라고 부르기도 하는 오류(인과의 오류 혹은 인과설정의 오류를 말한다—옮긴이)를 극화한 이야기라고 할 수 있다. 가령 시를 읽은 후에 씨가 자랐다는 단순한 사실 그 자체가 시를 읽는 것이 씨의 성장을 야기한다거나 또는 심지어 야기하도록 돕는다는 것을 확립하는 충분한 증거는 아니다.

물론 시를 읽은 후에 씨가 성장하는 많고 많은 사례들이 있다면 그것은 그 인과 가설을 확립하는 데 있어 더 유의미할 것이다. 비록 시를 읽어주지 않자 씨가 자라지 않았다는 사례가 있다면 훨씬 더 유의미할 테지만 말이다. 그 같은 또 다른 발견은 또 다른 탐구의 필요성을 보여줄 것이다. 우리는 씨를 자라게 한 것이 시를 읽는 것 그 자체라기보다 철야 기도 중 촛불로부터 나온 빛을 더 받았기 때문은 아닌지 궁금해할 것이다.

물론 이로써 우리는 하나가 다른 하나를 야기한다는 사실을 확립하는 데 필요하고 충분한 증거가 어떤 종류인지를 말하려고 시도하는 어려운 과업을 이미 시작한 것이다. 이 일반적인 질문은 철학에 속한다. 무엇이 씨를 자라게 하는지에 관한 질문은 식물학이나 농학에 속한다. 사실 여기에서 싹이나 식물에 음악을 연주하는 것과 같은 일이 효능이 있는지는 진정한 논쟁거리이다.

씨를 자라게 하는 것이 어려운 일이라는 두꺼비의 진심 어린 말은 물론 농담이다. 하지만 그것은 우리에게 우리의 무지와 불확실함을 상기시키는 유형의 농담이다. 이렇게 하여 그것은 철학적으로 자극적인 농담이다. 성인 독자들에게 왜 타는 촛불이 씨의 성장의 원인인지 또는 아닌지에 관한 문제는 아이들의 경우와는 달리 신선하지도 않고 화급하지도 않을 것이다. 그러나 대부분의 성인들이 거짓이 아니라 진정한 원인이라고 생각하는 것은 인습적으로 그렇게 생각하는 것일 뿐이다. 꽤 세련된 철학자가 아니라면 사람들은 무엇이 한 사건이 다른 사건의 원인이기 위한 필요충분조건인지를 구체적으로 명확하게 말할 준비는 안 되어 있을 것이다.

이 모음집에 있는 로벨의 소설들에는 모두 철학적으로 도발적인 농담이 담겨 있다. 〈용감한 개구리와 두꺼비Dragons and Giants〉를 보자. 이 이야기는 용기에 관한 것으로, 솔직히 용기를 정의하고 확인하는 것은 우리에게도 어려운 일임을 인정하자. 이 소설은 개구리와 두꺼비가 그들 자신에게 질문하는 것으로 시작한다. 개구리와 두꺼비는 **자신들이** 읽고 있는 이야기 속 등장인물들이 용감한 것처럼 자신들도 용감한지를 묻는다. 그 등장인물들은 거인들과 싸우고 용들을 죽인다. 개구리와 두꺼비는 자신도 용감한지 알아내기 위해 거울을 들여다본다. "우리는 용감해 보인다"라고 그들은 말한다. "그래, 하지만 우리는 정말 용감할까?" 그들은 알고 싶다.

자신이 용감하다는 것을 증명하기 위해, 개구리와 두꺼비는 위험한 임무를 시작한다. 즉 산에 오른다. 임무를 수행하는 중에 그들은 매, 뱀을 만나고 눈사태를 겪는다. 이들은 모두 개구리와 두꺼비의 천적이다. 그들이 이러한 위협으로부터 살아남았다는 것은 그들이 용감하다는 증거로 간주될 수 있다. 만일 그들이 그렇게 흥분하고 신경질적이 아니었다면 말이다. 결국 그들은 두꺼비의 집으로 달려 들어가서 하나는 침대 안으로 뛰어들어 이불을 머리 위로 덮어버리고 다른 하나는 옷장 안으로 뛰어들어 문을 닫아버린다. 그들은 각자의 은신처에서 아주 긴 시간 동안 머무른다. "그저 둘이 함께 아주 용감하다고 느끼면서" 말이다.

이 소설의 마지막 문장인 "그저 둘이 함께 아주 용감하다고 느끼면서"는 정말로 소크라테스적인 아이러니를 사용하면서 우리로 하여금 중요한 무엇인가를 깨닫도록 한다. 독자로서 우리는 이 소설 속의 개구리와 두꺼비가 정말로 용감한 것은 아니라는 점에는 자신 있지만, 아마 용기가 무엇인지 자신 있게 말할 수는 없을 것이다. 최소한 알아듣기 쉽게 만족스러운 방식으로는 말할 수 없을 것이다. 용감하기 위해서 사람들은 위험한 일을 해야만 하는가? 때때로 도망가버리는 것(누이의 침실 같은 곳으로)보다 자신의 장소(침대일지라도!)에 머무르는 것이 용기를 표현하는 것처럼 보인다. 가슴이 철렁하거나 무릎을 덜덜 떨거나 이빨을 딱딱 맞부딪치는 것이 용감한지 아닌지를 묻는 질문과 관련이 있는가? 답하기가 어렵다. 하지만 만일 우리가 '용기'를 완전히 만족스러운 방식으로 정의할 수 없다면, 개구리와 두꺼비가 용감하지 않다는 것을 어떻게 확신할 수 있는가? 이 농담은 개구리와 두꺼비에 관한 것이 아니다. 우리가 네 살이건 마흔 살이건, 그 농담은 우리에 관한 것이기도 하다.

아놀드 로벨은 소크라테스적인 아이러니를 그의 매우 단순한 아동소설 안으로 통합시키는 특별한 천재적 재능을 가지고 있었다. 그의 짧막한 농담은 우아함, 유머, 그리고 위대한 시의 심오함을 가지고 있다. 그러나 《개구리와 두꺼비가 함께》는 아주 단순한 어휘를 사용하기 때문에 입문서, 즉 누구나 '나도 읽을 수 있는' 책으로 간주된다.

두 번째 예로 마찬가지로 간결하게 쓰인 소설을 고르겠다. 비록 약간 나이가 있는 아이들을 대상으로 하지만 말이다. 바로 윌리엄 스타이그 William Steig의 《노랑이와 분홍이 *Yellow and Pink*》이다.[3] 스타이그는 또한 삽화를 이용하는데 이 그림들은 책이 가진 매력의 중요한 일부이다. 물론 이 책은 소설 자체로 아름답다.

두 개의 나무 인형들 — 하나는 노란색, 다른 하나는 분홍색으로 칠해진 — 이 양지에 있는 신문지 위에 놓여 있다. 아마 말리기 위해서일 것이다. 몸에 줄이 붙어 있지 않다는 점을 제외하면 꼭두각시처럼 보인다. 분홍 인형은 작고 뚱뚱한 반면, 노란 인형은 길고 말랐다. 둘은 각각 양지에 있는 신문지 위에서 무엇을 하고 있는지 궁금해지기 시작한다.

노랑이 자기 옆에 분홍이 있다는 것을 알고 묻는다. "내가 너를 아니?"
"그럴 리가 없어" 하고 분홍이 조심스럽게 답한다.

"혹시 너는 우리가 여기서 무엇을 하고 있는지 아니?" 노랑이 묻는다.

분홍은 알지 못한다.

"우리가 누구지?" 하고 노랑이 묻는다.

분홍은 그것도 역시 모른다.

"누군가가 우리를 만든 것이 분명해" 하고 분홍이 추측한다.

노랑은 분홍의 가설에 온갖 종류의 문제를 제기한 후, 한 가설을 제안한다. "우리는 우연이야. 웬일인지 몰라도 우리는 그저 생겼어."

분홍은 웃기 시작한다. "내가 이렇게 저렇게 움직일 수 있는 이 팔들이, 내가 어떤 방향으로도 돌릴 수 있는 이 머리가, 이 숨 쉬는 코가, 이 걸어 다니는 발이, 이 모든 것이 요행으로 그저 생겼다는 뜻이야?" 분홍은 믿을 수 없다는 듯이 말했다. "그건 말도 안 돼!"

노랑도 쉽게 물러서지 않는다. 노랑은 분홍에게 잠시 멈춰서 깊이 생각해볼 것을 청한다. "시간이 충분하다면, 천년, 백만 년, 아니면 이백오십만 년이 있으면, 이상한 일들이 많이 생길 수 있어. 우리라고 아니겠어?" 하고 노랑은 말한다.

분홍은 끈기 있게 그들 몸의 각 부위를 하나씩 끄집어내면서, 노랑에게 각 부위마다 그것이 어떻게 우연의 결과일 수 있는지 말해보라고 요구한다. 분홍이 언급하는 부위마다 노랑은 그것이 어떻게 정말로 우연의 결과일 수 있는지 답하려 시도한다.

"가지가 나무에서 부러져서 날카로운 바위 위로 알맞게 떨어졌다고 가정해보자. 그 결과 너는 두 다리를 가지게 된 거야"라고 노랑은 말한다.

계속해서 이렇게 말한다. "그러곤 겨울이 와서 나뭇조각은 얼었고 얼음이 거기에 틈을 냈어. 그게 네 입이야. 그러다 아마도 어느 날 거대한 태풍이 그 나뭇조각을 날려 보내서 덤불이 거의 없는 바위투성이의 계곡 아래로 굴러가게 했어. 그것이 부딪히고 쪼개지고 스쳐지면서 이런 모습이 된 거야."

노랑은 천천히 그들 몸의 모든 부분 ─ 팔, 손가락, 발가락, 귀, 콧구멍 ─ 을 설명해주는 우연적 사건들을 상상해낸다. 눈의 기원에 대해서는 몇 개의 제안을 한다. "눈은 그것을 판 곤충 혹은 딱따구리나 알맞은 장소를 반복해서 때린 딱 알맞은 크기의 우박이 만들었을 수도 있어."

분홍은 큰 인상을 받지 못한다. "그럼 어떻게 해서 우리는 딱따구리가 만든 이 구멍들을 통해 볼 수 있지?" 분홍은 알고 싶어 한다.

"왜냐하면 그것이 눈이 존재하는 목적이기 때문이야, 이 바보야" 하고 노랑은 답한다.

노랑이 우연적 기원에 대한 추측을 마쳤을 때, 분홍은 또 다른 어려운 문제를 제기한다. "대화를 계속하기 위해서 네가 옳다고 가정하자"라고 분홍은 상냥하게 허용한다. "너는 이 모든 이상한 일들이 한 번이 아니라 두 번이나 일어났다고, 그래서 우리 둘이 있다고 말할 생각이니?"

노랑은 당황하지 않는다. "왜 아니야?" 노랑은 분홍에게 그 질문을 다시 던졌다. "나는 5초라고는 하지 않았잖아. 백만 년 안에 같은 일이 두 번에 걸쳐 일어나는 것은 쉬운 일이야." 노랑은 회의적인 친구가 제안을 너무 빨리 거부하지 않도록 다음을 덧붙인다. "백만 년은 긴 시간이야. 가지는 부러지고, 바람은 항상 불고, 언제나 번개가 치고, 우박도 내리고 말이야."

마침내 콧수염을 기른 사람이 어기적거리며 나타나, 분홍과 노랑을 검사한 후 만족스럽게 말한다. "잘 말랐군."

콧수염을 기른 사람이 분홍과 노랑을 팔 안쪽에 끼워 데려갈 때, 노랑이 분홍의 귀에 대고 말한다. "이 친구는 누구야?" 분홍은 모른다. 그리고 이야기는 끝난다.

인형을 나무로 만든 꼭두각시 모양으로 만듦으로써 스타이그는 그들에게서 자기번식이라는 유전적 기제를 빼앗았고, 그 결과 세대에 걸친 다윈식 선택 가능성도 빼앗았다. 그러나 이 점에서 그의 사변적 생물학은 소크라테스 이전 철학자들인 엠페도클레스, 데모크리토스, 레우키포스의 생물학과 약간 비슷해진다. 그들 역시 우연히 획득한 특징들이 기능적일 수 있다고 추측했으며, 유전적 이론 — 적응 가치를 가진 우연한 돌연변이가 그것의 유전자형을 후속 세대에게 전달할 수 있는지를 설명하는 이론 — 을 갖지는 못했다.

생명체의 명백히 기능적인 모든 부분들이 믿을 수 없을 정도로 긴 — 단세포 유기체의 성장으로부터 인류를 포함한 고등 유인원의 진화에 이르는 — 진화적 선택 기간의 결과라고 가정하는 것은 그럴듯한가? 많은 사람들이 그렇게 가정한다. 하지만 거의 누구도 어떻게 해서 이런 일이 발생했는지에 관한 자세한 이야기를 할 수 없었다. 아마 노랑의 설명보다 훨씬 더 그럴듯한 이야기조차 할 수 없을 것이다.

스타이그의 소설에서 노랑과 핑크는 그들의 창조자를 알아보는 데 실패한다. 우리도 역시 그렇지 않을까?

아놀드 로벨과 마찬가지로 윌리엄 스타이그도 일종의 우화를 전달하기 위해 아동을 위한 이야기라는 형식을 사용한다. 이 우화는 아이이건 어른이건 독자를 우리 인간이 어떻게 존재하게 됐는지에 관한 심오하게 철학적이고 과학적인 질문에 대해 사색하도록 초대한다.

로벨의 《개구리와 두꺼비가 함께》와 스타이그의 《노랑이와 분홍이》 중 어느 것도 거짓이 아니다. 이 작품들의 작가들 역시 교활하지 않다. 위대한 시적인 단순성을 통해 이 이야기들은 아이이건 어른이건 사색할 만한 가치가 충분히 있는 매력적인 철학적 질문들을 제기한다.

여기서 나의 논의는 철학적 쟁점을 제기하는 이야기들로 한정되었지만, 광범위한 아동문학의 영역 안에서 진실한 것은 오직 철학적 이야기뿐이라고 말하려는 것은 아니다. 이는 분명히 틀린 말이다. 아동의 이야기들은 많고 많은 방식으로 진실한 책일 수 있다. 그러나 어른이 쓴 아동용 이야기가 진실성 테스트를 통과할 방법이 최소한 한 가지는 있다. 어려운 질문들을 제기하되 직접적이고 단순하게, 또한 ─ 이상적으로는 ─ 유머(!)를 담아 제기하는 것이다.

10
....
아동 미술

막내딸이 네 살쯤이었을 때 그림을 그린 적이 있는데 그것은 곧 우리 가족이 가장 좋아하는 그림이 되었다. 그림은 갈색의 종이 배경 위에 진홍색으로 세 명의 인간의 머리와 어깨를 피라미드 같은 모양으로 단순하게 묘사했다. 전에 우리는 그것을 액자에 넣어서 침대나 거실에 걸어놓곤 했다. 몇 년 전 이사를 하던 중, 나는 그 그림을 우연히 발견하곤 멈춰 서서 그림의 우아함과 생기발랄한 자신만만함을 감탄하며 바라보았다. 아직 그것을 새 집에 걸진 않았지만, 적당한 장소를 찾아 거기에 그 특별한 그림을 거는 것이 그 장소를 위해서 우리에게 열려 있는 다양한 대안들 중에서 우리가 할 수 있는 최선의 일이라고 생각하는 우리의 모습을 확실히 상상할 수 있다.

물론 가족과 내가 그 특별한 그림을 좋아하는 개인적인 이유가 있다. 그 그림은 우리에게 사랑하는 딸을 상기시킨다. 딸의 삶에서 그리고 우리의 삶에서 즐거웠던 시기를 떠오르게 한다. 그리고 이제 그것은 우리

인생의 지속성을 강하게 느끼게 해주기 때문에 우리에게 친숙해졌다. 그런데 박물관 큐레이터인 우리 친구가 우리 집을 방문해서 그 그림을 감상한다고 해보자(지금은 이름이 없지만 그 그림을 〈진홍색의 세 인물〉이라고 부르자). 유능한 한 그림 수집가가 〈진홍색의 세 인물〉이 중요한 미술 작품이며, 가령 보스턴 미술관에 전시될 가치가 있는 작품이라고 결정하는 것을 상상하는 것이 가능한가?

물론 이 질문에 진지하게 답하고자 하는 사람은 누구든지 〈세 인물〉이나 나의 딸에 관해 더 많은 정보를 원할 것이며 그 그림을 직접 보고 싶어 할 것이다. 그러나 그 질문에 답하기 위해 더 많은 정보를 가질 **필요가 있을까?** 또는 그 그림을 볼 필요가 있을까? 아니면 그 답이 부정적임을 나는 충분하게 분명히 말했는가? 다른 방식으로 질문한다면, 커다란 미술 박물관의 큐레이터가 어린아이의 그림을 박물관의 영구 소장품으로 선택하는 것이 적절한지를 결정하기 위해 그것을 봐야 한다고 말하는 것이 납득할 만한 응답일 수 있는가?

물론, 보스턴 미술관이 말하자면 회화와 소묘의 자연사를 보여주는 특별 전시를 열 수도 있다. 큐레이터는 〈진홍색의 세 인물〉을 아동 회화의 발달 단계나 공인된 양식의 좋은 예로서 원할 수 있다. 나는 이것 또는 저 작품이 아동 미술 소장품으로 좋다고 말하는 것이 무슨 뜻인지를 잠시 후에 탐구할 것이다. 하지만 당장은 더 커다란 문제를 다루어 보자. 〈진홍색의 세 인물〉은 일반적인 미술 소장품으로서도 좋은 것이라고 생각하는 것이 가능한가?

실제로 큐레이터는 범주와 상관없이 미술 작품을 수집하러 돌아다니진 않는다. 그들은 그 그림이 인상파, 플랑드르미술, 입체파, 일본 수채화 등 자신의 소장 목록에 추가할 좋은 작품이라고 생각할 수도 모른다. 하지만 그들의 작품 수집은 범주별로 이루어진다. 그래서 비록 우리 친구인 큐레이터가 아동 미술 전시회를 여는 것은 상상하지 못할지라도, 그 친구가 〈진홍색의 세 인물〉을 어떤 방식이건 범주화할 것이라고 생각해야 할 듯하다. 네 살짜리 아이의 그림이 포함될 수 있는 공인된 범주가 있는가? 그리고 그것은 이 범주 안에서 뛰어나다고 인정받을 수 있는가?

거듭 말하지만 〈진홍색의 세 인물〉의 분명한 범주는 아동 미술일 것이다. 그러나 이에 대해 논의하는 것도 거듭 연기하자. 이 그림에 어울리는 또 다른 범주가 있는가?

우리가 2장에서 논의했던 아동기의 반복설에 따르면 〈진홍색의 세 인물〉은 원시적인 미술로 분류될 것이다. 하지만 어떤 원시적 미술인가? 그 스타일이 가령 서부 오스트레일리아의 암석이나 나무껍질 미술과 같은 선사시대의 미술을 연상하게 한다고 가정하자. 아마도 〈진홍색의 세 인물〉과 오스트레일리아의 일부 암석 미술을 비교하고 대조하면 흥미로울 수 있을 것이다. 이제 대조적인 점뿐 아니라 유사한 점들이 놀라울 정도로 흥미롭다고 가정하자. 하지만 그것이 내 딸의 아동기의 그림이 박물관의 오스트레일리아 암석 미술 소장품에 속한다는 것을 의미하지 않을 것이다. 또한 그것은 '원시적' 미술 혹은 부족미술의 공인된 범주 중 어느 것과도 어울리지 않을 것이다. 그 이유는 그것이 원시미술 혹은 부족미술이 아니기 때문이다. 양자 사이에 어떤 유사성이 있다 하더라도, 개체 발생은 계통 발생을 반복한다는 생각이 아무리 매력적이라도 말이다.

만일 이 그림이 부족미술 소장품과 어울리지 않는다면, 아마도 현대 미술 소장품으로 들어가야 할 것이다. 가령 〈진홍색의 세 인물〉과 파울 클레가 1930년대에 그렸던 추상화의 일부 사이의 유사성을 주목하는 사람이 있을지 모른다. 아마 이 그림은 박물관의 추상미술 전시실에 추가되어야 할 것 같다.

클레에 관해서 중요한 사실은 그가 아동기 미술에 관심이 있었다는 점이다. 그가 어렸을 때 만들었던 데생이나 그림을 포함해서 말이다. 실제로 그의 최초의 미술 카탈로그는 그가 어렸을 때 만들었던 그림들로 시작한다. 그리고 그의 후기 작품 중 상당수는, 특히 그의 인생의 마지막 십 년 동안의 그림들 중 상당수는 아동 미술을 연상시키는 스타일로 만들어졌다.[1] 이 후기 작품들 중 한 개가 〈진홍색의 세 인물〉과 놀라울 정도로 비슷하리라고 생각하는 것은 매우 그럼직한 일이다. 이것은 〈세 인물〉이 박물관의 추상파 전시실에 보관되는 것이 적절하다는 뜻인가?

그렇지 않다. 물론 우리의 큐레이터 친구는 고인이 된 클레와 함께 아동 미술 특별 전시를 기획하고 싶어 할지 모른다. 요점은 클레의 작품을 진짜 아동 미술과 나란히 전시함으로써 어린이 같은 스타일로 만들어진 그의 작품을 이해하도록 돕는 것일 수도 있다. 같은 취지로, 아프리카의 부족미술을 아프리카의 미술에 영향을 받았던 피카소의 작품과 나란히 전시할 수도 있다.[2] 다시 말하지만 요점은 피카소의 작품을 그것에 영향을 줬던 작품과 비교함으로써 우리가 피카소를 이해하도록 돕는 것일 것이다.

물론 효과가 반대로 나타날 수도 있다. 피카소의 작품은 우리가 부족

미술을 더 잘 이해하도록 도울지 모른다. 그리고 클레의 작품은 우리가 아동 미술을 더 잘 이해하도록 도울지 모른다. 그렇다고 하더라도, 클레의 작품과 아동 미술을 특별 전시하는 것이 〈진홍색의 세 인물〉과 같은 아동의 그림이 박물관의 20세기 추상파의 영구 소장품에 속한다는 것을 보여주지는 못할 것이다. 마치 피카소와 아프리카 전시회가 초기 아프리카의 미술이 박물관의 입체파 소장품에 포함됨을 시사하는 것은 아니듯이 말이다.

〈진홍색의 세 인물〉이 주류 미술 박물관이 인정하는 소장품에 포함되지 않는 근본 이유는 이 박물관의 소장품들이 역사적, 지리학적으로 정의되기 때문이다. 〈세 인물〉과 특정 시대 또는 공인된 유파의 그림이나 데생 사이의 유사성이 아무리 놀랍더라도, 그것은 그런 그림들을 모은 소장 목록에는 포함되지 않을 것이다. 왜냐하면 그것은 그 시대나 유파에 속하지 않기 때문이다. 미술품이 급진적으로 다른 방법으로 수집되어야 하는지는 내가 논의할 질문이 아니다. 지금으로선 다음을 말하는 것으로 충분하다. 현재 미술품이 수집되는 방식대로라면 〈진홍색의 세 인물〉은 세간의 인정을 받는 어떤 미술 박물관의 어떤 소장품에도 속하지 않을 것이다.

박물관 소장 목록에 간단한 한 가지 변형만 가하면 〈진홍색의 세 인물〉을 수집할 가능성이 열릴 것이다. 영구 소장품으로 아동 미술 작품을 하나 더 추가하기만 하면 된다. 이제 나는 그런 소장품을 인정하는 것이 적절한지에 관한 문제로 넘어가겠다. 그리고 이 첫 번째 질문에 답하는 것이 어떻게 사람들이 우리 사회와 문화에서 아동들의 위치를 더 잘 이해하도록 도울 수 있는지에 관한 더 광범위한 질문으로 넘어가겠다.

물론 아동기 박물관은 이미 존재한다. 그런 장소는 성인들의 향수를 불러일으키기도 하지만, 우리가 아동기의 역사, 사회학, 인류학을 생각하도록 돕는 좀 더 교육적인 목적도 수행한다. 그런 박물관은 아동 미술을 위해 건물의 한 동을 제공할 수도 있다. 그러나 이때 아동 미술의 목적은, 아동들의 그림 그리기 현상을 우리에게 환기하고 그것의 문화적, 역사적 다양성 — 그리고 가능하다면 문화적, 역사적 보편성도 함께 — 을 드러내는 데에 있을 것이다.

그렇지만 **미술** 박물관, 그중에서도 정말 훌륭한 박물관이 영구적으로 아동 미술 소장품을 보유해야 하는지를 질문함에 있어서, 우리는 아동기 박물관이 주로 고심할 어떤 것과도 다른 사항을 고려하고 있었다. 우리는 아동 미술이 단순한 사회적, 문화적 공예품으로 간주되기보다는 예술로서 적절하게 존중받을 수 있는지를 묻고 있다. 물론 전자와 후자 중 하나가 옳다고 해서 반드시 다른 쪽이 배제되는 것은 아니다. 하지만 마찬가지로 이 중 하나가 옳다고 해서 반드시 다른 쪽이 **포함**되는 것도 아니다.

이 질문에 더 직접적으로 관련되는 것은 아동 미술 박물관이란 현상일 것이다. 실제로 최소한 한 개의 그런 기관이 있다. 노르웨이 오슬로에 있는 국제 아동 미술 박물관이 그것이다. 그러나 이 박물관이 어느 정도 명성을 얻긴 했지만, 그 성공은 우리가 처음 생각했던 것만큼 많은 것을 해결해주지는 못한다. 아동 미술 박물관으로서 이 박물관은 아동 미술의 위상과 본성에 관한 질문을 극적인 형태로 제기하지만 답을 주지는 않는다. 사람들은 이 박물관을 그저 하나의 특별한 미술 박물관으로만 생각할지도 모른다. 마치 흔히 있는 현대 미술 박물관이나 인상파 미술 박물관을 특별한 미술 박물관으로 생각하는 것처럼 말이다. 그러나 우리는 또한 그것을 아동기의 예술적 기념품 박물관으로 생각할 수도 있다. 이 경우에 그런 박물관의 존재는 그것이 보유하는 미술 작품의 미적인 가치에 관해서 어떤 특수한 판단을 함축하지는 않을 것이다. 실제로 높은 명성을 가진 일반 미술 박물관이 아동 미술을 현대 미술이나 인상파 미술을 수집하듯이 수집할 때까지는, 아동 미술이 그 자체의 미적 가치 때문에 소장할 가치가 있는 것으로 사회적으로 인정받는 일은 분명히 전혀 없을 것이다.

이 질문에 답하기 위해, 사람들은 톨스토이의 심오하지만 단순한 질문인 '예술이란 무엇인가?'에 답하려는 예술철학자들의 지속적인 노력으로부터 도움을 받으려고 기대할지 모른다. 그러나 조금만 숙고해보면 그런 기대는 비현실적임이 드러날 것이다. 우리가 예술이 무엇인지에 관한 모방 이론을 받아들이든, 아니면 표현 이론, 형식 이론 또는 어떤 다른 이론을 받아들이든 간에, 그것이 어린아이들의 그림이나 데생 중 일부를 예술로서 간주한다는 것은 의심의 여지가 없다. 실제로는 아동들이 만든 그림이나 데생 중 최소한 일부를 예술로 간주한다는 것은 예술 이론으로서의 타당성의 기준으로 간주되어야 한다. 그러나 그것이 모든 아동 미술이 주요 박물관의 소장품이 될 만한 미적인 가치가 있다는 뜻은 아니다.

어느 점에선 내가 묻고 있는 질문은 정치적 질문이다. 완전히 어린 이들로만 구성된 사회에선, 서로 같은 '종류'의 구성원들에 의해 생산된 미술 중 일부를 인정하고 기념하기를 원하는지를 아이들 스스로 결정할지 모른다. 그렇지만 우리 사회에서 아이들은 그런 결정을 할 힘이 없다. 우리 사회에선 주요 박물관을 위해 아동 미술을 수집할 것인지는 성인의 결정(성인의 통제하에 있는 재정적 자원에 관한 결정)이어야 할 것이다.

그렇다면 우리에게 그 질문은 예술적으로 재능 있는 아이들의 미적 감각과 미적 업적을 인정하고 기념하는 것을 우리 성인들이 적절하거나 가치 있다고 간주하는지이다. 이것은 다시 착취에 관한 정치적 질문들과 우리 사회에서 어떤 교육적 이상을 선택해서 시행해야 하는지에 관한 정치적 질문들을 제기한다. 하지만 그것은 또한 성인들로서 우리가 아이의, 심지어 아주 예민하고 재능 있는 아이의 작품 안에 있는 심오한 가치를 조금이라도 인지할 수 있는지에 관한 쟁점을 제기한다.

아동 미술을 미적으로 평가할 때 폄하하는 사람도 있지만 열광적 지지자도 분명히 있다. 올더스 헉슬리는 열광적 지지자들 중에서도 가장 열광적인 지지자로 간주되어야 한다. 아동 소묘 팸플릿의 소개문에서 헉슬리는 아이들은 "내버려뒀을 때 놀라운 미적인 재능을 보여준다"라고 썼다. 계속해서 그는 다음과 같이 말한다.

색에 대한 감각은 얼마나 확신에 차 있는가! 나는 특히 어두운 나무와 언덕 사이에 있는 붉은 지붕의 집을 그린 풍경화를 기억하는데 이것은 블라맹크의 모든 힘과 확실성을 어린이에게 특유한 방식으로 표현하고 있었다. … 이러한 목가적인 풍경화와 전쟁 그림들 중 많은 것들은 가장 엄격하게 우아한 고전주의적 원리들에 따라 — 물론 모두 부지불식간에 그리고 본능적으로 — 그려졌다. 공간과 물체는 중심축 주위에서 아름답게 균

형을 이루고 있다. 집, 나무, 인물 들은 황금분할이 요구하는 바로 그 자리에 정확하게 놓여 있다.[3]

헉슬리는 아이들 중 50퍼센트는 '미술 분야에서 꼬마 천재들'이지만, 성인들 중 그 비중은 백만 명에 한 명꼴로 감소한다고 주장한다.

펌하하는 사람들이 아마 더 쉽게 발견될 것이다. 나는 언젠가 유명 미술 박물관(보스턴 순수미술 박물관은 아니다)에서 회화 및 조소 큐레이터에게 '20세기 미술과 아동 미술'이란 주제로 전시를 해보도록 제안한 적이 있었다. 나는 그에게 아주 잘 선정된 아동 미술 작품들을 — 그 자체를 위해서 그리고 그것들이 아동 미술에 의해 영향을 받았거나 혹은 최소한 아동 미술과 강한 유사성을 보이는 것으로 보이는 20세기 미술가들인 클레, 미로, 뒤뷔페Dubuffet의 작품들과 맺고 있는 관계를 위해서 — 전시하도록 제안했다.

이 큐레이터는 그런 방침에 따른 전시회가 커다란 교훈적 가치를 가질 수 있다는 데 동의했다. 실제로 그는 심지어 그런 쇼에 관심을 가질 만한 박물관의 이름을 — 그가 일하는 박물관은 아닌 — 말하기도 했다. 그러나 그는 자기가 주 큐레이터인 한 아동 미술이 그의 박물관에서 전시되는 일은 전혀 없을 것이라는 점을 내게 확신시켰다. 그는 최고의 미술 작품이 아닌 것은 어느 것도 거기에서 전시되는 것을 허락하지 않을 것이며, 아동 미술은 최고의 작품이 아니라고 고집했다.

아동과 아동기의 귀중한 것the good에 관한 입장들 중에서, 이 단호한 큐레이터가 옳으며 헉슬리는 틀렸다는 것을 뒷받침하는 특정 입장이 있다. 나는 우리 사회의 많은 사람들, 아마 대부분의 사람이 이 입장의 약간 모호한 형태를 고수하는 것은 아닌지 하고 생각한다. 마이클 슬로트Michael Slote는 그의 책《선과 덕Goods and Virtues》에서 그것을 분명하게 진술하고 직접적으로 옹호한다.[4]

슬로트는 인생에서 귀중한 것들은 인생의 시기에 따라 상대적이라고 생각한다. 그의 주장은 단지 아동기나 노년기를 위해 귀중한 것으로서 추구될 만한 것이 초기 성년기나 중년기를 위해 귀중한 것으로서 추구될 만한 것과 다르다는 것이 아니다(이 말도 맞을 수 있다고 가정하지만 말이다). 슬로트의 주장은 그보다 더 흥미로운 것으로서, 아동기에 귀중한 것과 노년기에 귀중한 것은 인생의 전성기에서 구할 수 있는 귀중한 것보다 덜 가치 있다는 것, 실제로는 훨씬 덜 가치 있다는 것이다. 자신의 요점을 극적으로 보여주기 위해 그는 우리에게 좋은 꿈의 가치를 측정해보자고 한다.

어느 면에서 아동기를 우리가 다루는 방식은 … 우리가 꿈속에서 일어나는 것을 다루는 방식과 흥미로울 정도로 유사하다. 프루스트의 말을 빌리자면(대략적으로) 우리는 꿈속에서의 고통과 쾌락을 우리 인생의 진짜 선과 악으로 생각하지는 않는다. … 그리고 꿈이 우리 인생(깨어 있을 때)에 영향을 미칠 때를 제외하곤 무시되는 것과 똑같이, 아동기에 일어나는 것은 주로 아동기의 성공이나 실패가 성숙한 사람들에게 끼쳤던 효과를 통해 전 생애에 대한 우리의 견해에 영향을 미친다. 이처럼 불행한 학창 시절 다음에 행복한 성인기가 오는 경우에(또는 불행한 학창 시절이 행복한 성인기를 만드는 데 도움을 준다고 때때로 생각하고 싶어 하듯이) 우리는 후기 시절을 아동기의 고통을 보상해주는 것으로, 심지어 과거를 잊고 새

출발하는 것으로 생각한다. (14-15)

이런 사고방식을 옹호하기 위해 슬로트는 여러 가지를 준비한다. 첫째, 그는 독자들도 자신의 견해를 공유하며 인정한다는 것을 보여주려 시도한다. 비록 독자들은 이것이 정말로 자신들의 견해라는 사실에 대해 지금까지 생각해본 적도 많지 않았거나 거의 없었지만 말이다. 둘째, 그는 반대 의견 — 그의 견해가 약물중독의 영향으로 중독자의 목표와 좌절이 비뚤어지고 비이성적이 되는 것처럼 아동기의 목표, 좌절, 성공, 실패를 비이성적이거나 비뚤어진 것으로 만든다고 보는 — 으로부터 자신의 견해를 옹호하려 시도한다. 그리고 마지막으로 자신의 견해가 인생의 통합성unity을 설명할 수 없다는 반대 의견에 응답하기 위해, 그는 이른바 인생의 윤곽을 대강 구상해본다. 이 구상은 다음 생각들을 지지하기 위한 의도를 가지고 있다. 인생의 절정기의 귀중한 것이 어느 다른 시기의 귀중한 것보다 훨씬 더 가치 있으며, 비록 아동기의 귀중한 것은 비록 아동기 동안 또는 아동기를 '위한' 가치는 가지고 있을지 몰라도 '전반적überhaupt 가치', 즉 '인생 전체라는 관점에서의' 가치는 가지고 있지 않다(17).

이 마지막 주장으로부터 아동의 그림은 아동기 동안 또는 아동기를 위한 위대한 가치를 가질지 모르지만 전반적 가치는 아마도 가지고 있지 않으리라는 것이 따라 나오는 듯이 보인다. 아동 미술은 그것이 전반적 가치를 가지고 있지 않다면 주요 박물관의 분명한 수집 품목으로서는 거의 인정받을 자격이 없기 때문에, 나는 슬로트의 견해가 옹호 가능한지에 대해 몇 마디 하려고 한다.

내가 생각하기에, 슬로트가 우리에게 서술하고 권하는 아동기의 귀중한 것에 대한 평가절하는 우리 사회제도의 구조 속에서 구체적으로 드러난다. 우리 제도의 보상 구조를 결정하고, 이에 따라 전시회를 여는 사람들, 인명사전의 목록, 주요 이사회의 자리 등을 결정할 때 가장 큰 영향을 행사하는 것은, 결국 성인들, 특히 인생의 절정기를 보내고 있는 성인들이다. 이 구조는 노망난 한물간 사람들에 대한 존경을 허용하긴 하지만, 일반적으로 대부분의 상賞은 인생의 절정기에 있는 성공한 사람들에게 돌아간다.

미술이 관련된 한, 우리의 위대한 박물관들은 위대한 미술가들의 작품에 대한 기념과 감탄은 인생의 더 큰 귀중한 것과 관련된다는 평가를 구현한다. 그러나 우리가 아동 미술을 대우하는 모습을 보면, 우리는 그것을 단지 도구적이며 개인적 가치만을 가지고 있는 것으로 생각할 뿐이다. 아동 미술은 아동 미술가와 연결된 부모, 교사 그리고 친구 들에게 개인적 가치를 가진다. 아동 미술은 그것을 만드는 것이 아동의 일반적 발달이 성공적으로 이루어지도록 하고, 드문 경우 실제로 앞으로 중요한 예술가가 될 사람의 발달이 성공적으로 이루어지도록 하는 한에서만 도구적 가치를 가진다. 그렇지 않으면 그것은 전혀 가치가 없다.

이런 종류의 가치의 배정을 정당화하기 위해서, 슬로트는 아동기와 노년기의 본성과 의미에 대한 본질적으로 생물학적인 견해에 호소한다. 다음은 그가 말한 것 중 일부이다.

평범한 사람들과 생물학자들이 세월의 흐름에 따라서 식물과 동물에 대해서 어떻게 생각하는 경향이 있는지 생각해보라. 한 주어진 유기체의 인생 주기 안에서 발달의 시기와 쇠퇴의 시기 사이에 하나의 구분이 전형적으로 그려지며, 이 구분의 부분적 특징은 특정한 성숙의 시기를 그 유기체의 온전한 발달을 대표하는 것으로, 그리고 다른 시기들을 그것으로 '올라가거나' 그것으로부터 '내려오는' 것으로 간주하는 것이다. 또한 이 구분과 상응하는 것으로, 유기체들은 성숙기에 가장 온전히 그것답게 존재한다고(그것의 잠재력이 모두 발현되었다고) 생각하는 경향이 있다. 이 경향을 보여주는 가장 분명한 예는 아마도 유기체들을 일반적으로 그것의 성인 이름으로 — 그것의 인생 주기의 다른 단계에 해당하는 이름들이 아니라 — 칭하는 전통일 것이다(우리는 나무의 일생이라고 말하지, 씨나 묘목의 일생이라고 말하지 않으며, 망아지가 아니라 말의 발달과 쇠퇴, 혹은 말의 노년기라고 말한다). (36)

이 생물학적 프로필은 개별적 유기체의 일생이 유기체가 성숙했다고 간주되는 기간을 중심으로 평가됨을 시사한다. 초기의 생산품들은 미성숙한 것으로 평가절하되는 반면, 후기의 것들은 노년기에 속한 것으로 평가절하된다. 당면한 문제에 적용해보면, 주요 박물관에 아동 미술을 영구 소장하기를 거부할 만한 가장 좋은 이유는 다음과 같을 것이다. 아동 미술은 필연적으로 부득이하게 미성숙한 예술이며 따라서 우리 문명의 가장 성숙한 미적 작품들과 나란히 소장하기에는 적절하지 않다.

아마도 심지어 가장 훌륭한 아프리카, 오세아니아, 그리고 북미와 남미의 부족미술도, 문명의 경과에 따라 원시적이며 따라서 미성숙한 것으로 간주되던 시기가 있었을 것이다. 최소한 명망 있는 사람들 중에 그런 태도를 표현하는 사람들은 더 이상 많지 않다. 이제는 부족 사회의 미술가들도, 해당 부족 양식 내에서 성숙한 미술가들과 성숙한 미술품들을 배출하게 해준 전통과 도제제도를 가졌음이 인정받는다. 더욱이 부족 문화의 전통 전체가 미성숙하다는 가정이 담긴 태도는, 이제 우리 대부분에게 순진한 것이자 도덕적으로 모욕적인 인상을 준다. 이제 우리는 부족미술이 그토록 미성숙한 것이 아니라고 생각한다.

그러므로 우리는 가장 저명한 미술 박물관 중 일부에서 소장품으로 전시되고 있는 부족미술을 오직 성숙한 예술만이 주요 박물관의 소장품이 될 자격이 있다는 가정에 의문을 제기하기 위한 사례로 사용할 수 없다. 그러나 우리는 그 가정에 다른 방법으로 의문을 제기할 수 있다. 시작은 마르셀 뒤샹의 악명 높은 소변기인 〈샘La Fontaine〉이나 앤디 워홀의 수프 깡통 더미가 성숙한 예술인지 묻는 것이다.

이와 관련해 고려할 만한 또 다른 예술가 집단이 있다. 이른바 현대 원시주의modern primitives이다. 모지스 할머니Grandma Moses나 앙리 루소의 미술은 성숙한 미술인가? 이 질문은 이상하게 보인다. 모지스 할머니를 고려해보자. 그녀의 미술은 학교에서 배운 것이 아니며 따라서 민속 미술의 한 형태이다. 그것은 또한 어린이 같은 순진함을 풍긴다. 그러나 비록 모지스 할머니는 긴 일생 중 마지막 사반세기 동안 그림을 그렸지만, 그녀의 작품은 그 순진함으로부터, 대조적인 성숙한 예술이라고 칭할 만한 그 어느 것으로 변화하지 않았다.

미술 시간에 그리는 법을 배우는 10세나 12세 아이의 그림은 미성숙하다고 말할 수도 있다. 아마도 그 그림은 지시받은 규범이나 원리의 만족을 의식적으로 지향하고 있을 것이다. 훨씬 덜 명료한 것은 가령 네 살짜리 아이의 그림이 미성숙한 것으로 불릴 수 있는지이다. 그 그림은 의도적으로 규범이나 원리를 만족시키기 위하여 그려지지는 않는다. 그러나 그것이 미성숙하든 아니든 간에, 확실히 그것은 성숙한 미술로 간주되진 않는다. 아마도 그것은 그저 비-성숙한non-mature 미술일 것이다.

네 살이나 다섯 살짜리의 미적으로 가장 만족스럽고 흥미진진한 작품은, 성숙하지 않다는 이유로 우리가 정기적으로 기념하는 우리 문화와 다른 문화의 가장 훌륭한 미술 소장품들과 나란히 소장될 수 있는 자격을 박탈당하는가? 만일 모지스 할머니와 앙리 루소와 같은 현대 원시주의 미술가들 그리고 마르셀 뒤샹과 앤디 워홀 같은 개념미술가들이 우리 문화의 최고 미술 작품들과 나란히 소장될 자격이 있다면, 내가 생각하기에 성숙성은 그런 위상을 얻을 만한 자격을 얻기 위한 필요조건은 아니다.

성숙성의 결여가 아동 미술을 주요 박물관의 소장품이 될 자격을 **박탈하지 못한다고** 가정해보자. 그 자격의 조건은 무엇일까? 즉, 비록 우리가 마이클 슬로트가 의존하는 생물학적 요소에 기초한 평가 개념을 거부할지라도, 그리고 우리가 가장 칭송하는 박물관에서 전시되기를 원하는 미술 작품들 중 일부는 성숙하다고 불릴 수 없다는 점을 허용한다 할지라도, 우리는 최고의 아동 미술을 선택하고 기념할 긍정적인 이유를 필요로 한다.

이쯤에서 아동 미술을 아동 철학과 비교하는 것이 유용할지 모른다. 1장에서 나는 많은 어린 아동들이 전문 철학자들이 철학적이라고 인정할 수 있는 질문을 자연스럽게 던지며 평을 하고 심지어 추론을 하기도 한다는 뜻을 비친 바 있다. 그들은 철학을 자연스럽게 할 뿐 아니라, 성인들은 갖기 어려운 신선한 시각과 민감성 — 수수께끼와 개념적 부조화에 대한 민감성 — 을 가지고 철학을 한다. 성인들은 철학을 하기 위해 요구되는 순진함을 배워야 하지만, 아동들에게 그런 순진함은 완전히 자연스러운 것이다.

내가 말하려는 것은 일반적으로 또는 일부 아동들이 어떤 성인들보다는 더 나은 철학자라는 것이 아니다. 이것은 맞는 말이 아니다. 일반적으로 인정받는 믿음들에 기꺼이 의문을 제기하고 문제 있는 개념들에 대해 골똘히 생각하는 성향 외에도 철학을 잘하기 위해 중요한 것들이 있다. 그러나 아동 철학의 신선함, 긴급함, 그리고 자연스러움으로 인해 아동 철학은 그것 자체로 환영받아야 하며 또한 아동 철학을 통해 우리는 성인 철학 — 아니 더 좋은 말로는 철학 자체 — 의 본성과 의미를 이해하는 데 도움을 받을 수 있다. 만일 우리가 성인들의 현상에만 배타적으로 집중한다면, 사람들로 하여금 그 오래된 질문들을 묻고 다시 묻도록 만드는 것이 무엇인지에 대하여 불완전하게 이해하게 될 것이다.

아동 미술에 대해서도 이와 비슷하게 말할 수 있을까? 최고의 아동 미술 안에는 그것을 그 자체로 환영받도록 요구하며 또한 우리가 성인 미술, 실제로는 예술 전반의 본성과 의미를 이해하는 데 도움을 줄 수 있는 무언가가 있을까? 나는 그렇게 생각한다. 만일 내가 옳다면, 아동 철학이 인정받고 심지어 출판될 필요가 있는 것과 똑같이, 아동 미술도 전시될 필요가 있다.[5]

아동기를 이해하고 아동의 문화를 평가하려는 시도에는, 아동은 단지 원생-인간들proto-people이므로 주로 가능성을 위해 소중히 아껴져야 하며 키워줘야 하거나, 또는 아동들은 성인들이 본보기로 모방해야 할 순진무구함과 통찰의 모델이라고 가정하는 경향이 있다.

어린이들은 사람으로서, 인격적 존재에게 마땅한 도덕적, 지적 존경을 온전히 받을 가치가 있다. 아동은 앞으로의 가능성뿐 아니라 현재 모습 그대로로 존경받아야 한다. 실제로, 우리는 그들로부터 배울 수 있으며 또 그들이 우리의 인생을 풍요롭게 하도록 할 수 있다. 너무나도 분명한 일이지만 그들이 우리로부터 배우며 또 우리가 그들의 인생을 풍요롭게 할 수 있는 것과 똑같이 말이다. 아동의 시각과 아동식의 감성에 개방적인 부모와 교사는, 개방적이지 않은 성인의 삶이 소유하지 못하는 재능을 가진 축복을 받은 셈이다.

그러나 아동의 시각이 성인들에게 가치 있는 것은 오로지 특정한 측면에서일 뿐이다. 성인들의 노력은 아동들의 노력에는 부족하기만 한 엄정함, 규율, 역사적 감각을 가질 수 있다. 성인의 미술은 기술과 스타일 감각의 숙달이며 미술의 역사에 자리를 차지하지만, 이런 것들은 아동 미술에는 개방되어 있지 않다. 그렇다면 문제는, 생색내는 태도나 감상적인 마음 없이, 아동 미술을 현재 모습과 앞으로의 가능성을 위해서 환영하는 방법을 배우는 것이다.

아동 미술과 아동 철학은, 오직 전성기의 귀중한 것만이 중심적인 가치를 가지고 있다는 마이클 슬로트의 주장에 의문을 던지게 한다는 점을 주목해야 한다. 성숙한 미술가로 자라는 아이들은 거의 없으며 성숙한 철학자로 자라는 아동들은 심지어 더 없다. 많은 사람들에게 있어서 그들이 아동이었을 때의 미술과 철학은 성인일 때의 미술과 철학을 능가하기는커녕 결코 동등하지도 않다. 만일 그림을 그리는 것이나 철학을 하는 것이 사람들을 위한 비-도구적인 가치를 가진다면, 그런 가치를 가진 것은 그들의 아동 시절의 미술이며 아동 시절의 철학이다.

그래서 〈주홍색의 세 인물〉이나 네 살짜리 아이의 어떤 다른 작품이 보스턴 순수미술 박물관에 영구적으로 소장되어야 하는가? 나는 그렇게 생각한다. 그렇게 될까? 이에 답하기는 더 어렵다. 아동 미술이 가장 저명한 미술 박물관에 한 번이라도 소장될지 여부는, 주요 예술 기관에 소장될 가치가 있는 예술 작품과 성숙성은 필수불가결하게 관련된다는 가정의 신뢰성이 현대사조의 흐름에 따라 얼마나 더 떨어질지에 달려 있다고 본다.

만일 '성숙성의 가정'이 광범위에게 거부되고 아동 미술이 진지하게 소장된다면, 이러한 발전은 의심의 여지 없이 흥미로우면서 의미 있는 사회적, 정치적 결과를 낳을 것이다. 우선 한 예를 든다면, 아동들을 향한 우리의 태도와 아동들의 생각, 감성, 경험 그리고 그들의 창조품들을 체계적으로 평가절하하는 가치 체계를 향한 우리의 태도 또한 변할 것이다. 그런 변화와 함께 우리가 사회 안에서 아동들에게 허용하는 역할에도 변화가 올 것이다. 내가 지금까지 한 말이 다음 제언에 충분한 근거가 됐길 바란다. 이런 발전은 아동들의 해방을 향한 하나의 발걸음뿐 아니라 성인들의 해방을 향해서도 의미 있는 발걸음이 될 수 있다.

감사의 말

이 글을 쓰면서 나는 내가 이미 다른 형태로 출판했던 아동기의 철학에 관한 논문들의 내용을 사용했다. 제1장은 다음 논문으로 시작한다. "What Did the Universe Appear On?" *Journal of Thought* 20, no. 2 (1985), 14~20. 제4장은 다음 글로 처음 발표되었다. "Egocentric Phenomenalism and Conservation in Piaget," *Behaviorism* 17 (1989), 119-128. 제5장은 다음 글로 처음 발표되었다. "Concept Formation and Moral Development" in Philosophical Perspectives on *Developmental Psychology*, ed. James Russell (Oxford: Blackwell, 1987), 175~190. 제10장은 다음 글로 발표되었다. "Child Art and the Place of Children in Society" in *Children, Parents and Politics*, ed. Geoffrey Scarre (Cambridge: Cambridge University Press, 1989), 157~167. 제3장은 다음 책 속에 출간되었다. *Children, Philosophy and Democracy*, ed. John P. Portelli and Ronald Reed (Calgary: Detselig Enterprises, 1992). 이 글들을 사용할 수 있도록 허락한 편집자들과 출판사들에 감사드린다.

주

1장

1) 다음을 참고. Philipe Ariès, *Centuries of Childhood* (New York: Vintage Books, 1962).

2) Margaret Mead, "An Investigation of the Thought of Primitive Children, With Special Reference to Animism." in *Personalities and Cultures*, ed. Robert C. Hunt (Garden City, N.Y.: Natural History Press, 1967), 113~137.

2장

1) *Baby and Child Care*, 3rd ed (New York: Hawthorn Books, 1968). 인용문은 각각 457, 242쪽.

2) G. Stanley Hall, *Adolescence* (New York: D. Appleton, 1904). 멋지고 읽기 쉬운 역사와 반복설에 대한 비판이 다음 책에 들어 있다. Stephen Jay Gould, *Ontogeny and Phylogeny* (Cambridge: Harvard, 1977).

3) Florence Perry Heide, *The Shrinking of Treehorn* (New York: Dell, 1971). 스콧 피츠제럴드F. Scott Fitzgerald도 단편 〈벤저민 버튼의 기이한 사건The Strange Tale of Benjamin Button〉에서 비슷한 아이디어를 사용한다.

4) Anthony Kenny, trans. and ed., *Descartes: Philosophical Letters* (Oxford: Clarendon Press, 1970), 111.

5) John Locke, *An Essay Concerning Human Understanding*, vol. 1, book 2 (New

York: Dover, 1959), 121~122.

6) B. F. Skinner, *Science and Human Behavior* (New York: Free Press, 1953), 91.

7) Noam Chomsky, *Knowledge of Language* (New York, Praeger, 1986), xxvi.

8) 피아제 글의 어떤 구절은 염치없이 반복론자처럼 들린다. 그래서 그는 '발생론적 인식론genetic epistemology'에 관해 말하면서, 다음과 같이 적는다. "가장 생산적 이고 가장 명백한 연구 분야는 인간 역사의 재구성 — 선사시대 인간 안에 있는 인류의 사고방식의 역사 — 일 것이다. 불행히도, 우리는 원시인의 심리에 대해서 아는 게 그렇게 많지 않다. 하지만 우리 주위에는 아동들이 있으며, 논리적 인식, 수학적 인식, 물리학적 인식 등의 발달을 연구할 최선의 기회는 아동을 연구하는 데 있다." "Genetic Epistemology," *Columbia Forum* 12 (1969), 4. 그러나 피아제는 또한 발달을 촉발시키기 위해 경험이 필요하며(경험론자의 모델) 그리고 우리의 조상뿐 아니라 우리의 경우에도 발달은 정신 발달의 '법칙'에 따라 진행한다고 고집한다. 이 마지막 주장에 관한 중요한 구절은 이것이다. "우리의 입장을 위해서 우리는 아동의 생각과 원시인의 생각 사이에 있을 수 있는 유사성이 … 어느 종류이건 유전 때문이라는 것을 믿지 않는다. 정신 발달의 법칙의 영원성은 이러한 수렴을 충분히 설명한다." "The Mental Development of the Child," in Jean Piaget, *Six Psychological Studies*, ed. David Elkind (New York: Vintage, 1968), 27.

9) Stephen Jay Gould, in *Ontogeny and Phylogeny* (Cambridge, Mass: Harvard University Press, 1977), esp. 156~161. 굴드는 여기서 반복설이 프로이트에게 중요함을 잘 논의하고 있다. 그는 페렌치 샨도르Ferenczi Sándor에게 보낸 편지를 인용한다. "불안 히스테리, 전환 히스테리, 강박신경증, 조발성 치매, 편집증, 피해망상, 우울증, 조증 — 이상 일련의 것들은 계통 발생론적으로 역사적 기원을 반복하는 것 같다. 현재 신경증들은 과거에 인류가 처한 상황의 단계들이었다."(158)

10) In W. Andrew Collins, ed., *Children's Language and Communication*, Minnesota Symposia on Child Psychology, vol. 12 (Hillsdate, N J., Erlbaum, 1979).

11) Patricia Kuhl, et al., "Linguistic Experience Alters Phonetic Perception in Infants by 6 months of Age," *Science* 255 (1992), 606~608.

12) John Macnamara, "Cognitive Basis of Language Learning in Infants," *Psychological Review* 79 (1972), 1~13.

13) C. G. Jung, *Psychology and Education* (Princeton: Princeton University Press, 1954), 134.

3장

1) 특히 다음을 참고. Piaget, "Children's Philosophies," in *A Handbook of Child Psychology*, 2nd ed., ed. Carl Murchison (Worcester, Mass: Clark University Press, 1933), 534~547. "우리는 [어린아이들이 제시한] 이 설명들이 역사적 관점에서 얼마나 흥미로운지를 깨닫는다. 정말로, 그것들은 아낙시만드로스, 아낙시메네스, 그리고 다른 전-소크라테스 학자들의 사상을 직접적으로 상기시킨다. … 우리는 식별의 법칙the law of identification이 얼마나 아주 쉽게 전-소크라테스 학파에 속하는 소밀疏密의 법칙the law of condensation and rarefaction을 상기시키는지를 본다."(544)

2) Christa Wolf, *Ströfall: Nachrichten eines Tages* (Darmstadt: Luchterhand, 1987), 105~106. 다음의 유쾌한 책도 이 문단을 인용하며 시작된다. Hans-Ludwig Freese, *Kinder sind Philosophen* (Berlin: Quadriga Verlag, 1989).

4장

1) London: Routledge and Kegan Paul, 1974. 이 장에 있는 모든 번호는 이 책의 쪽 번호임.

2) *De rerum natura* I, 11, 358~368, trans. R. E. Latham, in *The Nature of the Universe* (Harmondsworth: Penguin, 1951), 38.

3) "A Perverse Creation of Science: Anti-Rubber," *New York Times*, April 14, 1987, C8.

5장

1) Martin L. Hoffman, "Empathy, Role Taking, Guilt, and Development of Altruistic Motives," in *Moral Development and Behavior*, ed. Thomas Lickona (New York: Holt, Rinehart and Winston, 1976), 129~130.

2) 복잡한 문제가 있다. 콜버그와 그의 동료들은 규칙적인 단계들의 각 단계마다 존재하는 이질적이고 자율적인 하위 단계들과, 또한 '유연한' 7단계의 가능성에 대해 말하게 됐다. 동시에 그들은 6단계에 대해 덜 자신하게 되었다. 다음을 참고. Lawrence Kohlberg, *Essays on Moral Development*, vol. 2: *The Psychology of Moral*

Development: The Nature and Validity of Moral Stages (New York: Harper and Row, 1984), chap. 3 and appendix C.

3) Ibid., 640.

4) "From Is to Ought: How to Commit the Naturalistic Fallacy and Get Away with It in the Study of Moral Development," in *Cognitive Development and Epistemology*, ed. Theodore Mischel (New York: Academic Press, 1971), 165.

5) 한때는 퇴행이 실제 일어나는 듯 보였지만, 이론을 세련화하자 문제가 해결되는 듯 했다. 다음을 참고. Kohlberg, *Psychology of Moral Development*, 437~438.

6) J. R. Snarey, "Cross-cultural Universality of Moral Development," *Psychological Bulletin* 82 (1984), 226.

7) Kohlberg, "From Is to Ought," 164.

6장

1) 가령 대단히 명료하고 유익한 다음 글을 참고. "Children under the Law", in *The Rights of Children*, Harvard Educational Review Reprint Series, no. 9 (1974), 1~28. 이 글에서 보수적 정치인들과 평론가들이 공격 대상으로 삼기 좋아하는 부분은 다음이다. "의존 관계에서 사람들에게서 권리를 박탈하는 기본적인 근거는 특정한 사람들은 자신들을 돌보는 권리를 감당할 수 없거나 자격이 없어서 결과적으로 그들의 입장을 보호하기 위해 특별히 고안된 사회적 기관을 필요로 한다는 것이다. 이 같은 환경하에선 사회가 그 사람들을 위해서 최선의 것을 수행하고 있다고 추정된다. 과거와 현재에서 발견되는 그와 같은 조정의 사례에는 가족뿐 아니라 결혼, 노예 그리고 인디언 보호 제도가 있다."(7) 마지막 문장이 의심의 여지 없이 고의적으로 자극적인 특성을 보이지만 전체적으로 이 논문의 입장은 온건하며 신중하다.

2) Lewis Pitts, "Family Values?" *Nation*, September 21, 1992, 268.

3) 약한 형태의 후견주의 원리는 당사자에 대한 해를 막기 위해 자율성이 제한되는 것을 허용하고, 강한 형태의 후견주의 원리는 당사자를 이롭게 하기 위해서도 자율성이 제한될 수 있게 한다.

4) *New York Times*, September 26, 1992, A 5.

5) *Escape from Childhood* (New York: Dutton, 1974), 18.

6) Howard Cohen, *Equal Rights for Children* (Totowa, N.J.: Littlefield, Adams, 1980), 45.

7) Bob Franklin, "Children's Political Rights," in *The Rights of Children*, ed. Bob Franklin (Oxford: Blackwell, 1986), 24~53, Shulamith Firestone, *The Dialectic of Sex* (New York: Bantam, 1970), 118.

8) Laurence D. Holgate, *The Child and the State: A Normative Theory of Juvenile Rights* (Baltimore: Johns Hopkins, 1980).

9) Laura Purdy, *Their Best Interest? The Case Against Equal Rights for Children* (Ithaca, N.Y.: Cornell, 1992), 214~215.

7장

1) *An Essay Concerning Human Understanding*, Book II, ch 27, sec. 10 (New York: Dover, 1959), 451.

2) 로크가 실제로 말하는 것은 '같은 사람man'이다. 여기서 '사람'은 총칭적으로 사용된다.

3) Locke, *Essay*, Book II, ch 27, sec. 16, 458.

4) In the Standard Edition of the Complete Psychological Works of Sigmund Freud, vol. 17. ed. James Strachey (London: Hogarth, 1953), 174~175.

5) *Introductory Lectures on Psycho-Analysis*, in the Standard Edition, vol. 15 (London: Hogarth, 1963), 201.

6) 다음에서 존 페리John Perry의 서문을 참고. *Personal Identity*, ed. John Perry (Berkeley: University of California, 1975), 3~30.

7) Eve Emmanuel Perris, Nancy Angrist Myers, and Rachel Keen Clifton, "Long-Term Memory for a Single Infancy Experience," *Child Development* 61 (1990), 1796~1807.

8) Katherine Nelson, "The Psychological and Social Origins of Autobiographical Memory," *Psychological Science* 4 (1993), 7~14.

8장

1) E. B. White, *Charlotte's Web* (New York: Harper Collins, 1980).

2) Natalie Babbitt, *Tuck Everlasting* (New York: Farrar, Strous and Giroux, 1975).

3) Myra Bluebond-Langner, *The Private Worlds of Dying Children* (Princeton, N.J.: Princeton University Press, 1980).

4) L. M. Kopelman and J. C. Moskop, eds., *Children and Health Care: Moral and Social Issues* (Dordrecht: Kluwer, 1989).

5) Susan Carey, *Conceptual Change in Childhood* (Cambridge, Mass.: MIT Press, 1985).

6) R. Nitschke et al., "Therapeutic Choices Made by Patients with End-stage Cancer," *Journal of Pediatrics* 101 (1982), 471~476.

9장

1) Jacqueline Rose, *The Case of Peter Pan* (London: Macmillan, 1984).

2) W. H. Auden, *Forewords and Afterwords* (New York: Random House, 1973), 291.

3) William Steig, *Yellow and Pink* (New York: Farrar, Strous and Giroux, 1984).

10장

1) 아동 미술과 클레의 관계에 관한 흥미롭고 복잡한 이야기는 〈클레의 어린이 같은 미술Klees kindliche Kunst〉에서 잘 다뤄진다. 다음을 참고. O. K. Werckmeister, *Versuche uber Paul Klee* (Frankfurt am Mein: Sundikat, 1981), 124~178.

2) 실제로 이런 전시회가 열렸다. "'Primitivism' in 20th Century Art: Affinity of the Tribal and the Modern" at the Museum of Modern Art in New York, September 1984 to January 1985.

3) Aldous Huxley, *They Still Draw Pictures* (New York: Spanish Child Welfare Association of America, 1939), 3ff. 다음 문헌 덕분에 이 인용문에 대해 주목하게 되었다. George Boas, *The Gulf of Childhood* (London: Warburg Institute, 1966), 100.

4) Michael Slote, Goods and Virtues (Oxford: Clarendon Press, 1983).

5) 여섯 명의 아동 미술가들을 원생-예술가proto-artist가 아니라 예술가로 고려하는 멋진 예로 다음을 참고할 것. Sheila Paine, *Six Children Draw* (London: Academic Press, 1981). 그리고 나의 책인 《철학과 아동》과 《어린이를 위한 철학이야기》는 무엇보다도 아동 철학을 출판하려는 시도이다.

매슈스는 이 책의 목적이 어린이들이 철학을 하는 것은 음악을 연주하거나 놀이를 하는 것처럼 자연스러운 활동임을 보여주는 것이라고 말한다. 아동들의 자연스러운 철학 활동의 예로 그는 그의 네 살짜리 딸이 실제로 했던 사고 과정을 소개하고 이것이 아리스토텔레스의 제일 원인 논증과 유사하다고 주장한다(이외에도 아동들이 하는 철학적 활동의 여러 가지 사례들이 소개된다).

상식적으로 어린이들이 자연스럽게 철학을 한다는 주장을 받아들이는 사람들은 드물 것 같다. 학자들도 마찬가지인데, 피아제가 그중 한 명일 것이다. 피아제의 인지 발달론에 따르면 매슈스의 네 살짜리 딸은 피아제가 '전-조작기'라 부른 인지 발달 단계에 있으며, 이 단계의 아동들은 철학적 사고를 하기에는 아직 인지가 덜 발달된 상태이기 때문이다.

이 책은 크게 두 가지 내용으로 이루어졌다. 하나는 피아제처럼 어린이들의 철학적 사고 능력의 가능성을 부인하는 사람들에 대해 비판하는 부분이고, 다른 하나는 아동들이 실제로 철학적 사고를 하고 있거나 할 수 있음을 다양한 방식으로 보여주는 부분이다.

이런 연구를 매슈스는 '아동기의 철학philosophy of childhood'라는 이름으로 부르자고 제안한다. 그리고 아동기의 철학은 과학철학, 언어철학, 심리철학 등과 마찬가지로 철학의 한 분야로 자리 잡을 수 있으며, 자리 잡아야 한다고 주장한다.

1장에서 매슈스는 인간의 인지 능력이 나이가 들면서 발달한다는 생각이 인지 발달론의 요점이지만, 철학적 사고 능력은 나이가 들면서 발달한다는 증거는 크지 않다고 주장한다. 언뜻 보기에 상식적이지 않은 이 주장을 뒷받침하기 위해 매슈스는 철학의 본성에 대해서 생각하기 시작한다. 그는 사람들이 철학의 본성에 대해 제대로 이해하면, 아동들이 철학적 사고 능력을 결하고 있다는 믿음은 근거가 없다는 것이 밝혀질 것이라고 믿는다.

매슈스는 철학이 어떤 것이라고 생각했기에, 철학의 본성을 이해하면 아동들이 철학적 사고 능력을 가지고 있음을 보여줄 수 있다고 생각하는가?

매슈스는 철학은 신선하고 창의적이며, 모든 것에 대해 의문을 던지고, 처음부터 다시 시작하는 학문이라고 생각한다. 철학은 많은 것을 알고 있다는 어른들의 믿음이 근거가 있는지 보여주려 시도하며, 대부분의 어른들은 전혀 의문을 던지지 않을 것에 대해서도 질문을 던진다. 일반인들은 이 같은 철학자들을 보고 짜증을 내기도 하는데, 이는 어른들이 어린아이들이 묻는 얼토당토않게 보이는 질문들에 짜증을 내며 당혹해하는 것과 비슷하다. 모든 것에 의문을 품고 질문을 하는 것이 철학의 전부는 아니지만, 최소한 일부이며, 그렇다면 그것은 성인들보다 아동들이 더 잘하는 분야라고 주장할 근거가 충분히 있다고 매슈스는 생각한다. 성인이 되면 이런 측면에서의 철학적 사고 능력은 오히려 줄어든다. 신선하고 창의적인 질문을 던지는 능력은 성인들보다 아동들이 더 뛰어나다. 성인들은 체계적인 사고 능력은 뛰어날지 모르지만, 그들의 생각은 진부하며 창의적이지 못하다.

아울러 철학적 사고가 모든 것을 의심해보는 것을 요구한다면, 이 요구는 성인들보다는 아동들이 더 만족시키기 쉬운 것이다. 왜냐하면 모든 것을 의심하고 처음부터 다시 시작하는 상태는 아동들의 상태와 유사하기 때문이다. 이 점에서 데카르트 같은 철학자는 성인들을 잠깐 동안일지라도 어린이로 만들려고 시도하고 있는 셈이라고 매슈스는 말한다.

매슈스는 이 같은 자신의 생각이 반드시 옳다고 주장하지는 않는다. 그는 아동을 꼬마 철학자로 보는 그의 견해가 왜곡된 것일 수 있음을 인정한다. 그러나 그가 보기엔 인지 발달론도 왜곡된 것일 수 있다. 이 중 어느 것이 더 진리에 가까운지를 판단하는 것은 독자들의 몫이다.

2장에서는 인지 발달론을 포함해서 발달론이 가지고 있는 듯 보이는 설득력의 몇 가지 이유들에 대해서 생각해보고 그것이 처음 보였던 것과는 달리 그다지 설득력이 있는 것은 아님을 보여주려 시도한다.

발달론을 그럴듯하게 보이게 만드는 이유들은 다음과 같다. 첫째, 발달론은 현대에 널리 받아들여지는 "개체 발생은 계통 발생을 반복한다. 즉, 개체의 발달은 종의 발달을 반복한다"라는 반복설을 전제하고 있다. 둘째, 그것은 이론이라는 이름으로 치장했기 때문에 사람들을 현혹시킨다. 이 때문에 아동들을 키우거나 가르치면서 얻은 경험적 지식이 많은 사람들도 자신보다 아동에 대한 경험이 훨씬 적은 학자들이 아동의 본성에 대해서 더 잘 알고 있다고 생각한다.

매슈스는 반복론과 비슷한 정도의 무게를 가지고 있는 이론으로 선천론, 경험론을 들고 이 세 이론들은 우열을 가리기 힘들다고 주장하는 듯 보인다. 그 차이는 반복론은 발달론을 지지하기 위해 이용되지만, 선천론과 경험론은 발달론을 비판하기 위해 이용될 수 있다는 것이다. 그렇다면 발달론에 반대하는 입장도 발달론 못지않게 설득력 있는 이론에 의해 지지를 받게 될 것이니 발달론에 대해 주눅 들 필요가 없다는 것이 매슈스의 의도인 것으로 보인다.

그리고 이 장에서는 무엇보다도 발달론의 가장 근본적인 문제가 제시된다. 그것은 발달론이 성인들로 하여금 아동들을 깔보게 하고 아동들을 함부로 대하게 할 가능성이 크다는 것이다. 이 때문에 우리는 발달론이 아이들을 우스꽝스럽게 묘사하지 않도록 막아야 하며 아동들을 동료 인간으로 인정하지 않게 하지 못하도록 해야 한다.

3장에서 매슈스는 피아제의 인지 발달론은 아동들에게 철학적 사고를 기대하거나 가르치는 것은 적절하지 않다는 주장을 함축하고 있음을 제시하고 이를 비판한다. 아동기 철학의 가능성을 옹호하는 매슈스에게 피아제의 이론을 비판하는 것은 무엇보다도 중요하며, 매슈스는 3, 4, 5장에서 집중적으로 피아제와 콜버그의 발달론을 비판한다.

인간의 신체는 시간의 경과에 따라 정해진 순서에 따라 발달하며 성숙한다. 어떤 아기도 기어 다니는 걸 건너 뛰고 걷기 시작하지 못한다. 또 기어 다니는 아이가 걷기도 전에 뛰어서 돌아다니는 일도 없다. 걸음마를 갓 시작한 아기에게 달리기를 가르치는 일은 어불성설이다. 각 아이들은 연령에 걸맞은 행동만 할 수 있기 때문에, 연령보다 더 성숙하거나 발달된 행동을 가르치는 것은 소용없는 일이다. 이상이 신체의 발달론이라고 할 수 있는 것이다.

피아제의 인지 발달론에 따르면 어린이들의 인지 능력도 신체 능력과 마찬가지로 연령에 따라 발달한다. 아동은 자기 연령대에 어울리지 않는 신체적으로 성숙한 활동을 할 수 없는 것과 마찬가지로 인지적으로도 성숙한 활동을 할 수 없다.

이 같은 인지 발달론은 철학적 사고 능력에 어떤 함축을 가지는가? 그것은 철학이 인지적으로 성숙한 활동인지 아닌지에 달려 있다. 철학은 인지적으로 성숙한 활동인가? 상식적으로 생각하면 그렇다. 발달론자들만이 아니라 대부분의 사람들이 그렇다고 생각할 것이다. 정말로 철학이 아동들의 연령에 비해 인지적으로 성숙한 활동이라면, 아동들에게 철학을 가르치는 일은 적절치 않고 자연스럽지도 않다. 아동들에게 철학하라고 장려하는 것은 이제 걷기를 시작한 아이들에게 달리기를 가르치는 일만큼 부적절한 일일 것이다.

만일 철학이 인지적으로 미성숙한 활동이어서 어린이들의 연령에 적절한 활동이라면 어떤가? 그렇다면 아동들에게 철학적 활동은 자연스러운 일이 되므로 철학적 활동을 장려하는 것도 부적절하지 않은 일이 될 것이다. 하지만 이 경우에는 다른 문제가 생긴다고 매슈스는 주장한다. 아동들에게 철학을 가르칠 필요가 없게 된다는 것이다. 왜냐하면 철학적 사고는 배우지 않더라도 저절로 할 수 있는 것이 되기 때문이다.

이처럼 일종의 딜레마가 생긴다. 이를 벗어나려면 철학이 인지적으로 성숙한 활동이면서도 철학적 활동을 하는 것이 아동에게도 자연스럽고 적절한 것임을 보이는 것이다. 매슈스는 두 가지 목표를 이루어야 한다. 첫째는 철학적 활동이 인지적으로 성숙한 활동임을 보여주는 것이고, 둘째는 아동들이 그 같은 철학적 활동을 자연스럽게 하고 있음을 보여주어야 한다.

이 두 가지 목표 중 첫 번째 목표는 쉬운 것 같다. 어떻게 철학이 인지적으로 미성숙한 활동일 수 있단 말인가? 철학이야말로 인지적으로 가장 성숙한 사람들만이 하는 것이 아닌가? 둘째 목표와 관련해서도 매슈스는 아동들에게 철학적 활동이 자연스러움을 보여주는 수많은 사례들을 보여주기 때문에, 두 번째 목표도 쉽게 달성할 것 같다. 그렇다면 철학은 인지적으로 성숙한 활동이면서도 아동들이 할 수 있는 것이 된다.

피아제라면 이런 매슈스의 주장에 대해, 아동들이 철학적 활동을 하는 것을 인정하지만 그들이 하는 것은 성인들의 철학적 활동들과는 달리 인지적으로 미성숙한 활동이라고 반론할 수 있을 것이다. 즉 철학적 활동은 인지적으로 미성숙한 것도 있고 성숙한 것도 있다고 주장하는 것이다. 아동의 철학적 사고는 미성숙한 것인 반면, 성인들의 철학적 사고는 성숙하다고 말이다. 역자가 보기에 대부분의 사람들이 이 같은 생각에 동의할 것 같은데, 이는 매슈스에게는 심각한 비판이 되는 것으로 보인다.

이런 비판에 응수하기 위해 매슈스는 피아제의 이론을 분석한다. 그가 보기에 피아제의 이론에는 심각한 문제가 내재되어 있다. 그것은 피아제의 이론이 반복설을 전제하고 있는 데서 생긴다. 피아제는 아동이 인지적 발달 단계에서 서양철학의 역사를 반복한다고 말한다. 즉, 아동은 전-소크라테스 단계에서 시작해서 나이가 들면서 근현대 철학의 단계까지 발달한다고 말한다.

이러한 반복설과 아동의 철학은 미성숙한 것이고 성인의 철학은 성숙한 것이라는 주장이 합쳐지면, 고대의 철학은 인지적으로 미성숙한 철학이었고 근현대의 철학은 인지적으로 성숙한 철학이라는 주장이 나온다. 하지만 매슈스가 보기에 이런 주장은 받아들일 수 없는 것이다. 고대의 철학적 사고가 현대의 철학적 사고와 마찬가지로 성숙한 것임은 부인할 수 없기 때문이다. 따라서 아동들의 철학적 사고 역시 성숙한 인지 활동임을 부인해서는 안 된다.

매슈스의 주장에 대해 피아제가 취할 만한 또 다른 방법은, 철학적 활동이 그가 내세우는 인지적 활동과는 전혀 관계가 없는 것이라고 주장하는 것이다. 이렇게 보면, 피아제는 '인지적 사고나 활동'이라는 표현을 전문용어로 사용하고 있는 것이다. 이렇게 되면 아동에게 철학적 활동은 부적절하다는 생각은 더 이상 피아제의 이론에서부터 따라 나오진 않는다. 우리는 아동에게 철학을 가르칠 수 있게 된다.

이렇게 해서 매슈스는 더 이상 피아제의 이론이 아동들에게 철학을 가르치는 것을 막지는 못한다고 결론을 내리는 것 같다. 그렇다고 해서 매슈스가 아동들에게 철학에서 다루는 문제들, 가령 외부 세계의 문제나 귀납의 문제 등을 가르칠 수 있다고 주장하는 것은 아니다. 이것은 전문적인 철학자들의 몫이다. 아동 철학과 관련해서 전문적인 철학자가 할 수 있는 것은 아동의 철학적 사고 사례들을 철학적 전통에 연결시킴으로써 철학에 대해 잘 알지 못하거나 무관심한 부모와 교사가 아이 안에 있는 철학적 사고의 싹을 알아보고, 그것을 존중하며 철학적 사고에 함께 참여하도록 도와주는 것이다. 아동들의 철학적 질문들이 단순히 정보를 요구하는 질문들과는 다르다는 점을 이해하지 못하는 부모나 교사는 철학적 사고에 참여할 기회를 놓치는 것이며, 또한 아동들에 관한 흥미롭고 중요한 특성을 이해하는 기회를 놓치는 셈이다. 매슈스는 피아제의 이론이 사람들로 하여금 아동들의 철학적 사고 능력을 이해하도록 도와주지 못하며 심지어 방해할 수도 있기 때문에, 아동들의 사고와 숙고의 능력을 피아제가 한정하지 못하도록 하는 것은 긴요한 일이라고 주장한다.

4장은 피아제에 대한 매슈스의 비판이 전개되는 부분으로 이 책의 핵심이라 할 만하다. 여기서 매슈스는 피아제의 유명한 '보존 실험'을 비판한다. 매슈스는 과학적인 실험처럼 보이는 피아제의 보존 실험이 실제로는 과학적이라고 할 근거가 약함을 보여주려 한다.

　보존 실험을 통해 드러나는 아동들의 지적인 변화는 간단하게 말하면 이런 것이다. 나이 어린 아이들은 작은 그릇에 들어 있는 물의 양을 그대로 큰 그릇에 부을 경우 물의 겉모양은 변하지만 물의 양은 변하지 않고 동일하다는 것을 모른다. 이들은 큰 그릇에 있는 물이 작은 그릇에 있는 물보다 양이 작다고 답한다. 하지만 나이가 들면서 아동들은 그릇에 담긴 물의 모습은 변하지만 물의 양은 그대로 보존된다는 것을 알게 된다. 이것은 다양한 실험을 통해 아주 쉽게 반복적으로 검증될 수 있다.

　피아제는 인지 발달론을 통해 왜 이런 변화가 생기는지를 과학적으로 설명하려고 한다. 아동들의 답이 달라지는 것은 피아제에게는 과학적인 설명의 대상이다. 보존에 대한 아동들의 이해력이 연령에 따라 변화하는 것이 피아제에겐 아동의 인지 능력이 연령에 따라 발달한다는 과학적 증거이다. 하지만 매슈스에게 이것은 인지 발달론을 입증하기 위한 과학적 증거로서는 부족해 보인다. 매슈스에게 그것은 오히려 아동들의 형이상학적인 사색, 즉 철학적 사색의 사례로 보인다. 왜 이런 차이가 생기는가?

　또한 피아제는 보존 개념을 이해하지 못하는 연령대의 아동들에게서 '자아중심주의'와 '현상주의'가 발견된다고 주장한다. 이에 비해 보존 개념을 이해하는 연령대의 아동들은 자아중심주의와 현상주의를 거부한다. 피아제는 이것을 인지적 발달로 간주한다. 물론 매슈스는 이에 동의하지 않는다.

　매슈스는 우선 피아제가 '자아중심주의'와 '현상주의'란 용어로 무엇을 의미하는지부터 살펴본다. 그가 보기에 피아제는 이 용어들의 의미를 분명하게 정의하지 않은 상태에서 이론을 전개했다. 피아제는 때때로 자아중심주의와 현상주의를 "모든 것은 직접적인 관찰에 의해 나타나는 그대로의 것"이라는 뜻으로 말하는 듯하다. 이 때문에 초기 단계에 있는 아동은 점토 공이 그들 각각에게 가볍게 보이면 가볍다고, 무겁게 보이면 무겁다고 판단한다.

피아제에 따르면 초기 단계의 아동은, 사물이 어떻게 '보이는지'에 집착하기 때문에 현상주의적이며, 양에 대한 모든 질문을 '내게' 얼마나 많은 것처럼 보이는가에 관한 질문으로 번역하기 때문에 자아중심적이다.

매슈스는 초기 단계의 아동들이 실제로는 자아중심주의적이지도 않으며 현상주의적이지도 않다는 점을 보여주려 한다. 매슈스는 2단계에 도달한 아동이 가지게 된 실체 개념과 원자 개념은 비현상적이요 비경험적임을 보여주려 하며 피아제도 이를 인정함을 지적한다. 결론적으로 매슈스는 피아제가 보존 실험을 통한 발견들이 아동이 점진적으로 자아중심주의와 현상주의를 극복한다는 주장을 뒷받침하지 못한다고 주장한다. 아동들은 애초에 자아중심적이지도 않고 현상주의적이지도 않았기 때문이다. 매슈스는 피아제의 보존과 관련된 이야기는 인지적 미성숙이 성숙을 향해 발달하는 과정으로 보는 것보다는 철학적 사고의 변화나 철학적 논쟁의 예로 보는 것이 훨씬 더 적절하다고 주장한다.

5장에서는 콜버그의 도덕 발달론이 매슈스의 비판을 받는다. 콜버그의 도덕 발달론은 피아제의 인지 발달론으로부터 영향을 받았다. 두 이론 모두 도덕적 사고의 인지적 측면을 중시하며, 진정한 도덕적 추론을 위해서는 인지 발달이 필수적이라는 점에 인식을 같이 한다. 콜버그의 도덕 발달론이 옳다면 아동들은 철학적으로 의미 있는 도덕적 논의에 참여할 수 없으며 이것은 아동들이 철학의 중요한 한 분야에 참여할 기회가 박탈됨을 함축한다. 이 때문에 피아제에 대한 비판 못지않게 콜버그에 대한 비판 역시 매슈스에게 중요하다.

콜버그의 도덕 발달론은 아동들은 진정으로 도덕적인 행위자는 될 수 없다는 점을 함축한다. 그 이유는 아동들이 어떤 행위를 할 때 드는 근거가 비도덕적인 것이기 때문이다. 가령 아동들은 정직하게 행동하면서 그 이유로 정직하지 않으면 처벌을 받기 때문이란 점을 든다. 하지만 이것은 정직한 행위를 하는 도덕적 이유로 간주할 수 없다.

매슈스는 이런 생각에 정면으로 도전한다. 매슈스에 따르면 아동들은 (적어도 때때로) 올바른 일을 올바른 이유로, 즉 진정으로 도덕적인 이유로 행동할 능력이 있으며 실제로 그렇게 한다. 아동들은 그 같은 이유를 분명하게 말할 수 없을지 모르지만 그들이 단순히 처벌을 피하기 위해서나 아니면 보상을 받기 위해서 올바른 일을 하는 것은 아니라고밖에 볼 수 없는 사례들이 있다. 매슈스는 이 같은 사례들을 제시함으로써 콜버그를 비판한다.

매슈스가 콜버그를 비판하는 또 다른 방법은 이렇다. 콜버그의 이론을 일관성 있게 적용하면 도덕 발달의 최종 단계에 도달한 사람들만이 진정으로 도덕적인 이유로 도덕적인 행위를 한 진정한 도덕적 존재가 된다. 이렇게 되면 단순히 아동들뿐만이 아니라 대부분의 성인들도 진정한 도덕적 존재는 될 수 없으며, 결국 대부분의 사람들은 도덕에 대해 전혀 이해하지 못하는 존재들이 되어버린다. 콜버그의 이론은 이런 불합리한 결과를 함축하기 때문에 문제가 있으며, 이런 결과가 나오는 이유는 콜버그가 도덕성을 불편부당성, 보편화 가능성 등과 같은 것으로 간주하기 때문이라고 매슈스는 주장한다. 콜버그가 도덕 발달의 다차원성을 간과했다는 주장이다. 콜버그는 도덕 발달의 오직 하나의 차원, 즉 도덕적 충돌 혹은 딜레마 상황에서 내리는 판결만 다룬다는 것이다.

매슈스는 패러다임(전형) 차원에서의 도덕 발달의 사례를 상상한다. 그리고 감정 이입, 공감 능력 차원에서의 도덕 발달의 사례를 상상한다. 이 차원에서는 아동기에 이미 아동들은 도덕적 행위의 패러다임을 이해하며, 높은 수준의 공감 능력을 보여준다는 것이 매슈스의 주장이다. 매슈스는 어른이 어린이보다 도덕적으로 우월하다는 생각에 대해서도 비판적이다. 콜버그의 도덕 발달론은 이런 생각을 함축하기 때문에 모욕적이고 불쾌하기까지 하다고 말한다.

도덕 발달론의 근거가 되는 '개념 대체concept displacement' 모델에 대해서, 매슈스는 '개념'을 낱말의 의미란 뜻으로 해석한다. 매슈스가 콜버그의 도덕 발달이 정직, 용기, 정의, 의무 등에 대한 덜 적절한 개념을 더 좋은 개념으로 대체displacement할 때 일어난다고 말할 때의 뜻은, 가령 '정직'이란 용어가 다른 용어로 교체된다는 뜻이 아니다. 그것은 '정직'이란 용어의 의미가 덜 적절한 것에서 더 좋은 것으로 교체 혹은 이동displacement한다는 것이다. 그러니까 자칫 '개념 대체'라는 말을 쓰면 도덕적 용어가 교체되는 것으로 오해할 소지가 있다. '용어'가 교체되는 것이 아니라 '용어의 의미'(이것을 매슈스는 개념이라 했다)가 교체되는 것이다. 따라서 각 단계의 도덕적 용어들, 가령 1단계의 도덕적 용어들은 3단계의 도덕적 용어들과 동일하지만 의미는 달라서, 실제로는 일종의 동음이의어들이라 할 수 있다. 매슈스가 볼 때 콜버그는 최소한 3단계에서 사용되는 도덕적 용어들부터 도덕적 의미를 가지게 되며, 이전 단계들은 도덕적 의미를 가지고 있지 않아서 도덕적 용어라고 부르기 어렵다고 생각하는 듯하다. 그리고 진정한 도덕적 의미를 가진 용어는 마지막 단계인 6단계에서 발견되는데, 이 단계에 도달하는 사람들은 극히 적다는 것이 콜버그의 주장이다. 이 때문에 매슈스는 콜버그의 이론은 결국 대부분의 사람들이 진정으로 도덕적인 존재가 못 된다는 결과를 낳는다고 비판하는 것이다.

매슈스는 마이클과 폴의 사례가 아동들이 자신이 하고 있는 것이 좋은 일임을 이해하고 행동함을 의미한다고 주장한다. 아동들은 단순히 처벌을 피하거나 보상을 받기 위해서가 아니라, 누군가를 도와주거나 위안하는 것이 좋은 일임을 어느 정도 이해한다고 주장한다. 여기서 매슈스는 호프먼의 주장을 빌려 마이클이 유비 추론을 한다고 추정한다. 이 추정이 맞는다면 이 사례는 콜버그의 이론에 대한 반례로 사용될 수 있다. 콜버그는 피아제를 따라 이 연령대의 아동들이 유비 추론 같은 추론을 할 수 있다고 보지 않을 것이기 때문이다.

6장에서는 어린이들이 현재 통상적으로 인정되는 것보다 훨씬 더 강한 정도의 권리를 가져야 한다는 매슈스의 주장이 논의된다. 한 가지 예로 아동이 부모와의 관계를 독자적으로 끊을 권리를 가질 수 있는가에 대한 논의가 펼쳐진다.

매슈스는 아동의 권리를 합리적 권위의 문제와 연결시킨다. 이 논의는 자율성 원리와 후견주의 원리 중 어느 것이 인간의 권리를 정당화하기 위해 더적절한지에 관한 논의와 연결된다. 자율성 원리에 따르면, 합리적 인간은 스스로 결정해야 한다. 후견주의 원리에 따르면, 개인의 자율성은 그 개인 자신의 이익에 부합되는 한 제한될 수 있다. 이 두 원리 중 자율성 원리가 우선적으로 지켜져야 하며, 자율성 원리를 제한하는 경우는 오직 자율성을 지키면개인이 불이익을 받을 경우뿐이라고 생각하는 것이 통상적으로 받아들여지는 생각이다.

그렇다면 아동들의 권리를 가급적 많이 보장하기 위해서는 첫째, 아동들이 합리적 존재로서 스스로 결정할 능력이 있음을 보여주어야 하며, 둘째, 문제가 된 상황에서 아동들의 자율성을 보장해주는 것이 아동들에게 불이익을초래하지는 않음을 보여주어야 한다. 이것을 그레고리의 사례에 적용해보면그는 스스로 결정하는 권리를 행사할 수 있을 정도로 충분히 합리적이었으며, 그의 자율성을 제한하는 것이 그에게 이익이 되리라고 생각할 이유도 전혀 없다. 따라서 이 경우, 자율성 원리에 따라 그레고리에게 그가 원하는 권리, 즉 그의 어머니와의 관계를 단절할 권리를 보장해주어야 한다는 결론이나온다.

매슈스는 합리적 권위에 대한 철학적 문제는 플라톤의 대화편 《유티프로》에서 처음 제기되었다고 말한다. 유티프로가 자신의 아버지를 고소하려 한다는 점에서 자신의 어머니를 법정에 세운 그레고리의 사례와 유사하다. 유티프로 문제와 관련해서 신학적 주의주의와 신학적 합리주의의 구분이 생긴다. 신학적 주의주의에서는 신의 의지, 명령, 승인이 핵심이며, 그것을 정당화하기 위해 설명이 제시될 필요가 없다. 반면, 신학적 합리주의에서는 신의의지와 신의 명령을 정당화하는 설명이 요구된다. 이것은 또한 신으로부터 독립적인 도덕적 기준이 있음을 의미한다.

매슈스는 신학적 합리주의와 주의주의를 세속적으로 적용한다. 일단 자식들은 부모의 권위를 존중해서 부모의 의지나 명령을 아무런 설명을 요구하지 않고 따를 수 있다. 이는 주의주의라고 할 수 있다. 이에 비교해서 합리주의는 설명을 요구하며, 그 설명이 만족스러울 경우에만 부모의 의지나 명령을 따른다. 주의주의는 자식의 이익을 보호하지 못하거나 오히려 해를 끼치는 부모의 권위, 명령, 의지도 거부할 수 없지만 합리주의는 이런 경우 부모의 권위, 명령, 의지를 거부할 수 있다.

매슈스는 합리주의를 옹호한다. 그래서 아동이 부모와의 관계를 단절하는 요구를 할 수 있는 권리를 가지고 있으며, 그것도 대리인을 통해서가 아니라 직접 스스로 할 수 있다고 주장한다. 합리주의를 옹호하는 사람은 누구나 아동들의 권리도 인정해야 한다는 것이 매슈스의 의도이다. 이 장이 매슈스의 아동 철학과 관련되는 이유는 법정에서 자신의 권리를 의연하게 변호한 그레고리의 사례야말로 아동의 철학적 가능성을 보여주는 증거요 콜버그의 도덕 발달론에 대한 반증 사례로 사용될 수 있기 때문일 것이다. 매슈스가 그레고리의 의연한 모습이 예외적인 것이 아니라고 말하는 데에는 이유가 있다.

여기에서 매슈스는 어린이가 합리적 존재임을 주장한다. 아동들이 철학을 할 수 있으려면 그들이 합리적인 존재임을 인정하지 않으면 안 된다. 이렇게 해서 아동이 합리적이라는 주장은 아동의 권리 문제와도 연결되지만 아동을 위한 철학의 가능성의 문제와도 연결된다. 또한 아동의 인지적 능력을 낮게 보는 피아제와 콜버그의 이론은 아동의 권리에 대해 아주 보수적인 입장을 취할 수밖에 없다는 것이 매슈스의 입장일 것이다(책에서 이 점을 언급하지는 않지만 말이다).

7장의 제목은 '아동기의 기억상실'이지만 여기서 실제로 다루어지는 것은 인격 동일성personal identity의 문제이다. 매슈스는 '현재의 내가 아동기에 대해 거의 기억하는 것이 없음에도 불구하고 현재의 내가 아동기의 나와 동일하다고 말할 수 있는 근거'를 소개하려고 한다.

　인격 동일성에 관한 로크의 기준에 따르면, 비록 나는 빛바랜 사진 속의 아기와 같은 인간human being일지라도, 나는 그 아기와 같은 인격person은 아니다. 사진 속의 아기의 육체가 세월이 지나면서 점차적으로 현재의 나의 육체로 바뀌었다는 것은, 현재의 내가 그 아기와 같은 인간이라는 점을 알려줄 뿐 같은 인격이라는 점을 입증하지는 못한다. 동일한 인격이려면 현재의 내가 아기의 기억을 가지고 있어야 한다. 그러나 나는 아기였을 때의 기억을 현재 전혀 가지고 있지 않기 때문에, 나는 그 사진에 있는 유아와 동일한 인격일 수는 없다. 사실상 하나의 인격으로서 또는 현재의 인격으로서 '나', 즉 매슈스는 시카고 세계 박람회에서 미끄럼틀을 내려오던 순간에 태어났다. 그것이 매슈스가 가진 어린 시절의 첫 번째 기억이기 때문이다.

　8장에서는 아동들은 죽음에 대해 어른들 못지않게 생각할 수 있다는 매슈스의 주장이 다루어진다. 보통 성인들은 죽음에 대해 아이들과 토론한다는 생각 자체를 거북해하고 부적절하게 생각하지만, 매슈스는 그럴 필요가 없다고 말한다. 그 증거로 죽음에 대해 다루는 아동문학에 대해 논의하며, 죽음에 대해서 진지하게 사색하는 어린이들의 실제 사례를 다룬 연구 보고서들을 소개한다. 가령 불치병에 걸린 아이들이 악의 문제에 대한 한 가지 해결책과 유사한 방법으로 죽음을 받아들이는 과정이 소개된다. 이러한 사례들은 자연스럽게 아동들이 철학적 활동을 할 수 있을 만큼의 인지적 능력을 가지고 있음을 보여주는 증거로 간주될 것이다. 또 발달심리학이 틀렸음을 보여주는 증거로도 간주될 수 있다. 발달심리학자들은 어린아이가 죽음에 대한 적절한 개념을 가지고 있지 않기 때문에 죽음에 관해 진지하게 사색할 능력이 없다고 보기 때문이다.

　죽음에 대해 아동들이 어떻게 생각하는지에 대한 논의는 아동의 권리를 다룬 6장의 논의와 연결된다. 발달심리학의 표준적인 발달론 설명을 옹호하는 사람들은 9세 미만의 아동에게 첫째, 진단과 예후의 정보 공개와 둘째, 치료에 대한 동의와 관련해서, 모두 완전하게 후견주의적 접근을 승인할 것이다. 따라서 아동 환자들의 자율성을 존중할 필요는 없으며 실제로 존중할 수도 없다고 말할 것이다. 이 연령대의 아동들은 합리적이라고 보기 어렵기 때문이다.

매슈스는 물론 이에 대해 반대하며 아동 환자들, 특히 불치병에 걸린 아동들의 자율성을 존중해서 관련된 정보를 공개해야 하며, 치료와 관련해서 필요한 동의를 아동으로부터 직접(대리인이 아니라) 받아야 한다고 주장한다. 매슈스는 정보를 공개하는 것이 불치병을 앓는 아이들에게 심리적으로도 도움이 된다는 증거가 있다고 주장한다. 죽음을 앞둔 아동들은 바로 그 이유 때문에 성인들과 함께 죽음에 대하여 논의할 자격이 있으며 능력도 있다는 것이다. 성인들이 아동과 죽음에 대해 함께 이야기할 만큼 충분히 강하지 못한 것이 오히려 문제이다. 이를 극복하기 위해서 성인들은 죽음에 대한 개방적 태도뿐 아니라 아동에 대한 개방적 태도가 필요하다.

9장에서는 아동을 위한 문학이 그저 거짓 이야기일 뿐이기 때문에 성인들을 위한 문학보다는 수준이 낮다거나 아동문학은 아예 불가능하다는 생각에 대한 매슈스의 비판이 등장한다. 아동문학은 우리에게 심오한 농담, 우리의 무지와 불확실함을 상기시키는 농담, 철학적으로 자극적이고 도발적인 농담을 제공하기도 한다. 아놀드 로벨의 두 작품을 보자. 인과설정의 오류를 보여주는 〈꽃밭 가꾸기〉는 원인, 필요조건, 충분조건 등이 무엇인지에 대한 탐구를 시작하게 한다. 용기가 무엇인지를 생각하게 하는 〈용감한 개구리와 두꺼비〉는 소크라테스적 아이러니를 연상시킨다. 왜냐하면 독자들은 용기가 무엇인지를 정의하기 어렵다고 생각하지만, 동시에 그 이야기의 주인공들이 용기가 없다는 점에 대해선 자신할 수 있기 때문이다. 하지만 용기가 무엇인지 정의할 수 없으면서 어떻게 그런 자신 있는 판단이 가능한가?

아동문학의 저자들은 일종의 우화를 전달하기 위해 아동을 위한 이야기라는 형식을 사용한다. 때로 이러한 우화는 아이이건 어른이건 독자를 인간이 어떻게 존재하게 됐는지 같은 심오하게 철학적이고 과학적인 질문에 대해 사색하도록 초대한다. 물론 매슈스가 강조하듯, 아동문학 중 오로지 철학적 이야기들만이 진실한 것은 아니다. 아동문학은 많고 많은 방식으로 진실한 책일 수 있다.

10장에서는 아동 미술을 인정하는 것과 아동 철학을 인정하는 것 사이의 유사성이 드러난다. 매슈스는 특히 아동 미술의 신선함, 자연스러움이 아동 철학의 특징들과 유사하다고 본다. 비록 아동 미술과 아동 철학이 성인들의 것들보다는 덜 세련되었을지라도 말이다. 매슈스는 어떤 예술철학 이론을 사용하더라도 아동 미술은 모두 예술로서 인정받을 것이라고 주장한다.

따라서 매슈스는 예술품인 아동 미술을 정식 미술관에 전시해야 한다고 주장한다. 아동 미술을 미술관에 전시해야 할 것인지의 문제는 단순히 예술 분야에 국한된 문제가 아니며, 성인들이 아동을 어느 정도로 존중해야 하는지와 관련된 문제이다. 따라서 앞에서 다룬 아동의 권리 문제와도 연결된다.

매슈스는 자신과 반대되는 입장으로 슬로트의 주장을 소개하는데, 슬로트의 입장은 기본적으로 피아제 등 인지 발달론자들의 입장과 다르지 않은 것으로 보인다. 슬로트는 인생의 절정기를 성인기로 보며, 이에 비교해서 아동기는 덜 가치 있다고 말한다. 슬로트는 인생에서 '귀중한 것'은 인생 시기에 상대적이라고 생각한다. 아동기나 노년기에 귀중한 것은 인생의 전성기에서 구할 수 있는 귀중한 것보다 훨씬 덜 가치 있다는 주장이다.

앞에서 말했듯 아동 철학의 신선함, 긴급함, 자연스러움 때문에 아동 철학은 그것 자체로 존중받아야 하며, 또한 아동 철학을 통해 우리는 성인 철학, 즉 철학 자체의 본성과 의미를 이해하는 데 도움을 받을 수 있다. 아동 미술에 대해서도 비슷한 말을 할 수 있다. 최고의 아동 미술 안에는 그것을 그 자체로 존중받도록 요구하는 무언가가 있으며, 또한 우리가 성인 예술, 실제로는 예술 전반의 본성과 의미를 이해하는 데 도움을 줄 수 있는 무언가가 있다. 그렇다면 아동 철학을 인정하고 출판해야 할 필요가 있는 것과 마찬가지로 아동 미술도 인정해야 하며 전시할 필요가 있다는 주장이다.

물론 이를 위해선 슬로트 같은 이가 주장하는 '성숙성의 가정'이 거부되어야 한다. 성숙성의 가정이 거부되면, 아동을 향한 우리의 태도와 아동이 창조한 작품을 평가절하하는 성인들의 태도, 나아가 성인이 사회 안에서 아동에 부여하는 역할에도 변화가 올 것이다. 이런 발전은 아동들의 해방을 향한 발걸음일 뿐 아니라 성인들의 해방을 향한 의미 있는 발걸음이 될 수 있다.

책의 내용이 그렇게 어렵지 않음에도, 요점을 정리하는 수준의 해설을 제공하는 이유는 이 책 중심 부분의 특징 때문이다. 매슈스가 피아제와 콜버그를 비판하는 부분이 이 책의 핵심이라고 할 수 있는데, 현재 대학이나 대학원의 교육과정상 매슈스의 전공인 아동 철학과 피아제와 콜버그의 발달론을 모두 가르치는 전공 분야는 실질적으로 없다.

역자의 전공도 철학인데, 대학에서 유아교육과에 적을 두어 학생들을 가르칠 때까지 피아제와 콜버그의 이론을 배운 적이 없었다. 대학원 시절에 콜버그의 도덕 발달론을 접한 적이 있지만, 본격적으로 공부했던 분야는 아니었고, 피아제에 대해선 거의 알지 못했었다. 매슈스도 이 책에서 비슷한 고백을 하지만 대부분의 철학 전공자들이 비슷하리라고 생각한다.

교육학이나 심리학 전공자들은 피아제와 콜버그의 이론을 많이 배우리라고 생각되지만 철학적인 맥락 속에서 배우지는 않을 것이다. 그래서 이들에게는 매슈스의 분석과 비판이 중요하게 다가오지 않을 수도 있다고 생각된다.

이 같은 이유들 때문에 평범하고 부족하지만 해설을 첨부했다. 아무쪼록 학제 간 연구의 중요성이 강조되는 현실 속에서 철학을 공부한 사람들과 교육학, 심리학, 유아학, 아동학 등을 공부한 사람들 사이에 활발한 교류가 이루어지는 데 이 책이 일조할 수 있기를 기원한다.

남기창

찾아보기

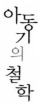

아동기의 철학

초판1쇄 발행 | 2013년 9월 30일

지은이 | 개러스 매슈스
옮긴이 | 남기창
펴낸이 | 이은성
펴낸곳 | 필로소픽
편집 | 이상복
디자인 | 윤혜림

주소 | 서울시 동작구 상도2동 206 가동 1층
전화 | (02) 883-3495
팩스 | (02) 883-3496
이메일 | philosophik@hanmail.net
등록번호 | 제379-2006-000010호

ISBN 978-89-98045-30-2 93370

필로소픽은 푸른커뮤니케이션의 출판브랜드입니다.

이 도서의 국립중앙도서관 출판시도서목록(CIP)은 서지정보유통지원시스템 홈페이지(seoji.nl.go.kr)와
국가자료공동목록시스템(www.nl.go.kr/kolisnet)에서 이용하실 수 있습니다. (CIP제어번호: CIP2013017277)